自由研究

「人間って何だ?」

非物質概念が導く認識世界

松田安史
MATSUDA YASUSHI

幻冬舎MC

自由研究「人間って何だ?」

非物質概念が導く認識世界

はじめに

本書は、私個人の自由研究としてのものです。同時にこの研究の発表の場としてのものでもあります。

私がこの自由研究を始めたのはかれこれ10数年前にもなります。それは、ある時、私の頭に〝意識〟が生まれているのを体感的に知ることができたその時から始まりました。偶然にこのことに気づいたものです。全く新しい発見でした。ただしかしその頃は、この意識が発生しているという現象が、いわゆる意識というものなのかどうかということが、その時すぐに分かったわけではありません。しかしこの体感こそが〝意識〟というものだということを確信するのにそう時間はかかりませんでした。すなわち〝意識〟というものは体感的に知るものなのだということに気づいたわけです。そして、それは言葉とともに生まれていて、言葉を口にさえすればよいことでした。その言葉自体が意識というものを生んでいたのです。あるいは意識というものはその言葉自体が意識そのものになっているのだということでもあったのです。

しかしここで、こんなことを唐突に言われても、いったい何のことやらさっぱり理解できないことでしょう。当然のことですね。そもそも本書は、この意識世界を科学する書ですから、じっくり読み進めていただければ、今まで知らなかった意識世界の不思議で且つ面白い世界が明らかになっていきます。意識に関する全く新しい知見を手にすることができます。世界で初めてのことだということをお約束しておきます。

さて、私には息子と娘が一人ずついます。ちょうどこの頃、彼らには1日違いで、それぞれに女の子と男の子の孫が生まれたものですから、これ幸い、この子たちがどんな風に、この言葉や意識というものを手にしていくのだろうかとの興味を掻き立てられたものでした。またこの頃は、脳科学が一つのブームみたいになっていて、いろいろなメディアを通じて最新の知見のいろいろな解説がなされるのです。もともと私は脳科学に興味を持っていて普及本はいろいろ読んでいました。興味は募るものの、しかし何か肝心なところがよくは見えてはきません。神経科学的な知見や心理学的なものの知見が多いのです。もちろんこれらだけではないのは当然なのですが、最先端の知見の数々が何かこういうものではあったとしても、一般的にはあまり馴染みの薄いものでしかないのは仕方のないことだと思います。そこでもう私は勝手に考えてみました。脳とはそもそも何なのか、そしていったい何をしているのだろうかと。

脳とは〝動く〟ためのものだという言われ方が普通にされているように、私が結論としたのは、脳とは単純に動物の行動を制御しているだけのものだと考えたのです。これで充分なのだと。動物にあっては動物行動を、人にあっては人行動をということになります。これ以外には何も関わりなどないのだということです。だからと言って、脳が動物身体の生理的な制御にも関わっているであろうことは当然でしょうが、本書ではこの意義とは別の脳の問題を扱うことをテーマとしていますのでそういう機能もあるのだということに留めておきます。

そこで動物の行動というものは、そもそもどういうものなのかを探るために、先ずはその行動を観察してみました。ある日の猫の行動です。今、猫は静かな眠りの中にいます。と思うとおもむろに目を覚まします。そして伸びをしたと思ったらやおら動き出します。スタスタと数歩進んだと思ったら歩みを止めて振り返ったりしています。再び動き始めてそのまま塀の上へひょいと跳び乗ってはまたまた振り返る。このように動物の行動は何となく始まり、その始めた一つの行動は必ず停止される。そしてさらにこの行動を繰り返しているだけなのです。

とにかく始めたらそれは止まる。これこそが動物行動の基本であって、この単純なもので充分なのが動物の脳なのだと確信するものです。一種ロボットのようなものです。ロボットを作ろうと思えば、先ず初めにスタートボタンと停止ボタンが設計されるでしょう。脳も、これらの機能を脳内化学物質によって微妙にコントロールしているのだと考えるわけです。要するにスタートボタンと停止ボタンがあるはずだと考えることができます。この行動の開始点を〝始点〟終わる点を〝終点〟と呼ぶことにしましょう。

さて、この始点を特定するということは原理的にできません。何故かと言えば、ある点をその始点とすると必ずその前にその始めがあることになるからです。連続的に生きているのですから当然です。この点だけがロボットと一番大きく違っているところです。とは言っても実際には、動物とロボットの違いはこれだけではありません。一方は生命ですし、もう一方は機械です。この違いはあまりに大きいのですが、脳機能の〝原理〟においては全く同じとしてもまあ間違いないでしょう。

一方、終点は必ず存在するはずです。していなければ脳の機能として欠陥となってしまうでしょう。一つの行動が止まらないことにはまことに具合が悪いことになってしまいます。しかし、このような終点の存在は、未だ脳科学は示してくれていないのが現状だと思います。ここにこそ今の脳科学に最も違和感を覚えていたものでした。

そしてまたある時、この終点についても気づいたのです。そうだ、あれこそがきっとその終点なのだということに。それは、脳科学界のみならず、一般的にも今では有名になっている報酬系と呼ばれる脳部位についてです。この脳部位こそがこの〝終点〟と呼ぶべきものなのだと私は考えたのです。

動物脳にあっては、それは〝満足終点〟というものであって、一方、人の脳では〝欲望終点〟というものになっているのだと私は確信することになりました。本文を読んでいただければ、充分納得していただけるものと思います。

〝意識〟というものは人の脳が生み出しているもので、言葉とともにあるものです。言葉があれば意識はあります。言葉がなければ意識のある余地はもはやありません。人には言葉があります。一方、動物は言葉など持ってはいないし、持つ必要などそもそもありません。ここから動物の脳と人の脳は、根本的に違う脳であると断言することができるのです。こんな断言をする脳科学は今のところ世界のどこにも全くないように見えます。動物の脳と人の脳とは、明らかに違うものですし、もし違わなければおかしいことです。このことについても本書を通読していただければ必ず納得していただけるものと確信します。

本書はこういう解釈の上に立つものです。意識を生むことのない動物の行動と意識を生んでいる人の行動とは、全く〝別の世界〟となっていることの予感でもあるということです。脳に意識があるかないかということと、必ず終点があるという二大特性こそが動物を動物らしく、人を人らしくしているのだということを本書は明らかにするものです。

一方、この終点の存在については前に述べたように、まだ脳科学として、確認されたものではないものではありません。しかし脳科学者がこの終点の存在を解明してくれるのを、私は待っていることができずに本書を書いています。いずれそうなるのですから、何ら問題ないものとの自信の上に私の自由研究はあります。従って、本書の記述は全て科学的事実としてのものではありますが、この〝終点〟に関してのみ、いわゆる学際的な記述にはなれてはいないものかもしれません。

　本書で示した科学的事実は、私の自由研究という世界で達成されたものです。逆に、学際にとらわれることのない、真の自由の中にあったからこそ得られたものだということです。

　私のような平凡で普通の老人でも、興味さえあればここまで知ることができる世界が、脳の世界であり意識の世界であると思います。そして意識世界をここまで科学的事実として記述できたことは、人の誕生以来全く初めてのことだと自分では思っています。多分初めてのことでしょう。またこの意識の世界は、認識世界でもあることで〝認識問題〟として未だ明確にされていない大きな問題があるのですが、このことも本書にて明らかにすることができました。

　人の認識世界について未だ誰も知らない〝世界初〟の事実を、皆さんも知ることができるということを充分に楽しんでいただきたいと思います。

　さらに申し上げておきたいこととして、本書の内容は科学としてのものですので、それを理解するためには、初めから順番に科学的事実を積み上げていかなければなりません。読者の皆さんにあっては、途中で分からなくなった時点で私宛てに質問できるようにしておきたいと思います。

　また本文では、通常、人や人間と記すべきところをわざわざ〝ヒト〟というカタカナで表記しています。何故かと言えば、現在の人・人間は、まだこの〝認識問題〟の存在に気づけていないという〝段階〟にあるからです。すなわち人・人間であるためにはこの科学的知識としての〝認識問題〟についての知識を身に付けなければならないと思うからです。そうして初めて〝ヒト〟は〝人・人間〟に1段進化できるのだと思います。ヒトには、まだ進化する余地があるのだということです。

私は、戦中の1942年2月に生まれた一介の老人です。大学では建築を学び、卒業後は父親の創業した建築関係会社に入社、全国展開してきた経験を持っています。時代は右肩上がりの経済成長下、バブル崩壊までの一見〝豊か〟と見える時代を生きてきました。しかしその裏には、何か得も言われぬ危うさしか感じられず、人々はいったいどこへ進もうとしているのか、全く見えませんでした。

そもそも私は、人間嫌いの部類の者です。人間が好きだという人であっても、ある時には嫌いな時代があっての好きだということでしょうし、そうでなくても後で嫌いになることもあるかもしれません。しかし嫌いだからと言って興味がないわけではなく、嫌いだからこそ逆に知りたくもなるというもの。

そもそも他人に理屈を吹っ掛けることが好きなこともあって、こんな自由研究に足を突っ込んでしまったというところでしょうか。しかしここまで来てみれば、一つの新しい発見にもなっているということで、またまた他人様に、理屈を吹っ掛けてやりたいものとの思いも出てきました。全く学際的な研究などではないし、と言ってこの新しい知見を私だけのものにしておくのも、私としても不本意な思いもあって、このような書籍にまとめてみようと思ったものです。大方のご批判をお受けしたいと思うものです。そうすることには、きっと意義のある議論が生まれることにつながっていくものとの思いがあります。

このようなわけで、私の自由研究にあっては、何か参考文献というものがあるのかと言えば、それは全くありません。この自由研究に先行する研究は、全くないでしょう。

一方参照している文献としてのものはと言えば、専門家がアウトリーチした一般的な科学の解説書であったり、一般的な哲学書やいろいろなテレビ放映情報であったりと、それらの記述内容は、すでに広く公開されたものでしかなく、私の自由研究の〝参考〟にしたものでは全くありません。あくまで、参照の対象とさせていただいたというだけです。

そうした中にあって、1冊の特徴ある書だけは、紹介させていただきたいと思います。

それは、相対論と量子論の二つを1冊の中で解説しているという特徴があります。

要点が、実に要領よく記述されていて、簡潔にして明快に表現されています。科学解説が目的ですから内容自体は、他書と同じであることは当然です。しかし、その中でもさらに特徴を持っていて、両論において謎や不思議となっている部分について、分かりやすい記述となっていることです。いちいち他書にあるそれらを抜き出してこなくてもよいことで、自分のメモ書き風に本書を参照させていただきました。以下の書です。『[図解]相対性理論と量子論 〜くらべてみると面白いほどよくわかる!〜』(矢沢サイエンスオフィス・編著、ワン・パブリッシング、2021年)です。

さらに本書に登場する人物たちは、すでに歴史上の人々だけですから、あえて説明など不要でしょう。そういうことで彼らの人名解説などは、わざわざ記しません。学際的な研究などではないことで、特定な人物も登場することなど全くありません。

私のこの自由研究は、人・人間が生得的に手にしている〝実感の世界〟だけを記述しています。ですから本書は、新しい発見のみでできている書になっています。

何度も申しますが、本書は、そもそも世界初の知見なのだとの自負を持っているものです。まだ誰も気づいていない世界を記述しています。本書全体を理解された時点で〝認識世界〟についての世界初の知見を手にできることをお約束します。期待を持って読み通していただきたいものです。

さあ大いなる知の探索への1歩を、勇気を持って踏み出しましょう。

目次

7　ヒトの本質と普遍性　～原理の創成・ヒトって何だ～　157

1　意識が生まれるって何だ

1－1　意識が生まれる瞬間を体感する

春の日も深まり、いよいよ気持ちのよい5月の光が差し始めたある日のこと、遅めの朝食の後、私は居間のソファーに、何するでもなくぼんやり座って、食後の休息の時を過ごしていました。そして何とはなしに窓の外に目をやっています。目の前には典型的な5月の風景が広がっています。ああ気持ちがいい、爽やかな青い空、きれいな白い雲、木々の緑が鮮やかだ。心の中で声にしていました。すると、何故か分からないのですが、何かハッと気づくものがありました。待てよ、気持ちがいいとか白い雲とかといったことは、声にしてみないと決してそういう風にはならないぞ、ということに、正に気がついたのです。それで今度は心の声ではなく喉から本当の声にして口から出してみました。〝気持ちがいい〟〝青い空〟と。するとこの気持ちがいいとか青い空とかいったことが、やはり実感となって目の前に現れ出てきます。何とも不思議で奇妙だったので、何度も繰り返してやってみました。目の前の物の言葉を、手当たり次第、口にしてみたわけです。壁、天井、テーブル、テレビなど言葉を口にしてみると、それらが実際そこにあるものとして、というか、そう〝実感〟というのが最も当たっている感じで目の前にそれらは現れてきます。逆にこの言葉を口にしないでいてはこの壁、天井などといった実感が現れることは決してなく、ただ何か目の前のそれらがただ目に映っているだけといった、それらの実感がない何か妙な気分になっているだけなのです。

こんな体験ですが、この体験こそが最も重要なものですから、皆さんにもこれと同じ体験になるように何度もやってみてもらわなければなりません。きっと同じことが起こると思います。起こるはずです。

もう1度言いますが、目の前の物に対して言葉を口にしてみたり、そうではなく、ただぼうっと目を開いているだけといったことをしたりしてみてもらえばいいのです。いかがですか。今私の言ったことと同じようになりませんか。なるはずなのですが。この時口にする言葉は、内語でも喉からのものでもどちらでもよいです。

言葉にするだけで壁は壁として、天井は天井として実感が生まれる感覚が分かるはずです。今は分からなくてもこのまま読み進めていただければ、だんだん分かるようになると思いますので先へ進めます。

この言葉を口にするということを何度も繰り返しているうち、またまた気づいてしまいました。口に出した言葉から生まれている気持ちがいい、青い空、壁、床などといった実感は、その言葉が表している〝意味〟というものではなかろうかということです。このことをいろいろと解釈してみましたが、やはりこの意味というのが最も適切だと考えられるのです。

もうこの考えに取りつかれてしまった私にとって、この実感が生まれた時こそが、ヒトに意識というものが生まれている瞬間なのだと確信するのに、そう時間はいりませんでした。

もうこれは、絶対に意識が生まれているということだ。言葉を口にしさえすればよい。言葉は意識を生むための道具になっている。そして言葉そのものが意味となっているのだ。

私は、このことを結論としてしまっていいことだとの思いを強くしたものです。つまり意識とは、こういう風に言い当てるしか、他に方法がないものだったということです。

この結論に導かれて、私の自由研究は始まりました。

この自由研究は、全く学際的なものなどではありません。しかし学際的なる研究というものには、すでに学問的体系が出来上がっているものです。それ故に学際的ということです。ということは、今ここにある自由研究のような〝自由さ〟などそもそも存在しないものでしょう。ですからこういう自由研究ほど、学際とは違った意義を生み出すことができるのだと思います。

さて、この意識が生まれる瞬間は、私が体験的に気づいたものです。ですから本書は、全体を通して、気づきの書または発見の書となっています。本書を理解していただくためには、皆さんにも、私と同じ気づきを共有していただきたいものと思います。これらの〝気づき〟によって、意識の存在を知ることができているのですから。

意識が生まれる瞬間とは、言葉を口にしたその時です。そこには〝実感〟が生まれていて、その実感とは目の前の事物についての〝意味〟というものが、生み出されているということでした。

これがヒトに意識が生まれるということの本当の姿です。

このような結論に至るまでの経過にはそれなりの時間が必要だったことは当然です。しかしこの時間の私の頭の中の経過までを共有するにはあまりにその記述が難しいことですので、この結論のみを記すこととしたいと思います。

ヒトの脳が、実感や意味を生み出すというのは、明らかにこの脳内で起こっている現象であって、こんな不思議なことをヒトの脳はやっています。これは、明らかにヒトの脳が生得的に持っている能力だと言えるでしょう。そういうことで、ヒトの脳に意識の生まれるこの現象に、私は、「意識現象」という言葉を当てることにします（イメージ図1－1－1）。

ところでこの意識現象については、今のところ脳科学では、未だ明確には記述できないでおり、何とも説明できないものとなっています。何故そうなのか考えてみましょう。

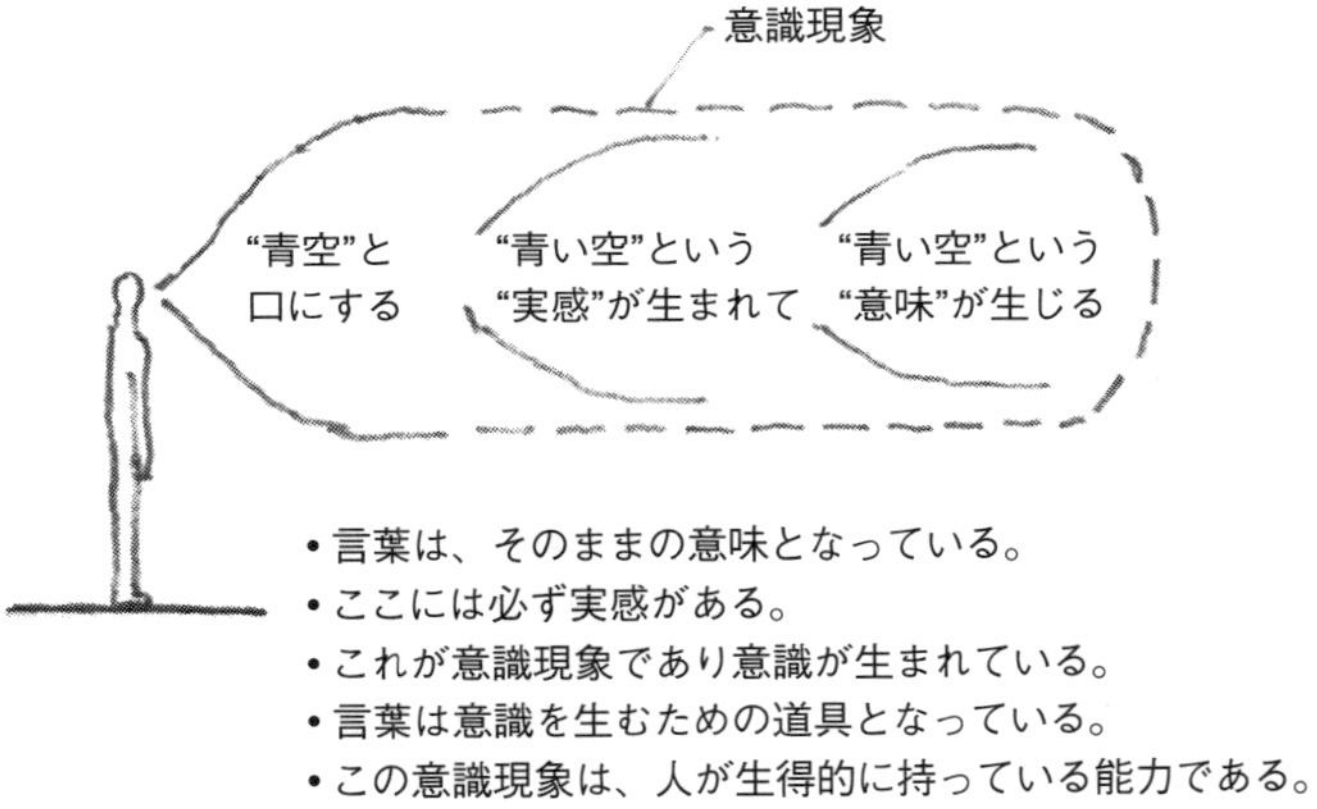
意識現象
“青空”と
口にする
“青い空”という
“実感”が生まれて
“青い空”という
“意味”が生じる
• 言葉は、そのままの意味となっている。
• ここには必ず実感がある。
• これが意識現象であり意識が生まれている。
• 言葉は意識を生むための道具となっている。
• この意識現象は、人が生得的に持っている能力である。

◉ イメージ図1－1－1（意識現象）

それは、この意識現象を記述する手段・方法を持っていない、すなわち科学することができないからだと言えます。これら「言葉」とか「実感」とか「意味」とか「意識」というものは、皆〝物〟や〝物体〟ではないものだからと言えるでしょう。従来の科学は、物とか物体のみを扱うものであって、これら物や物体でないものを科学することなど、そもそもできないものです。ここにこそ問題がありました。そこで、私の自由研究においては、物や物体とは「物質」であることに対して、これらの物や物体ではないもののことを「非物質」という言葉を当てて扱っていくことにしたいと思います（イメージ図1－1－2）。

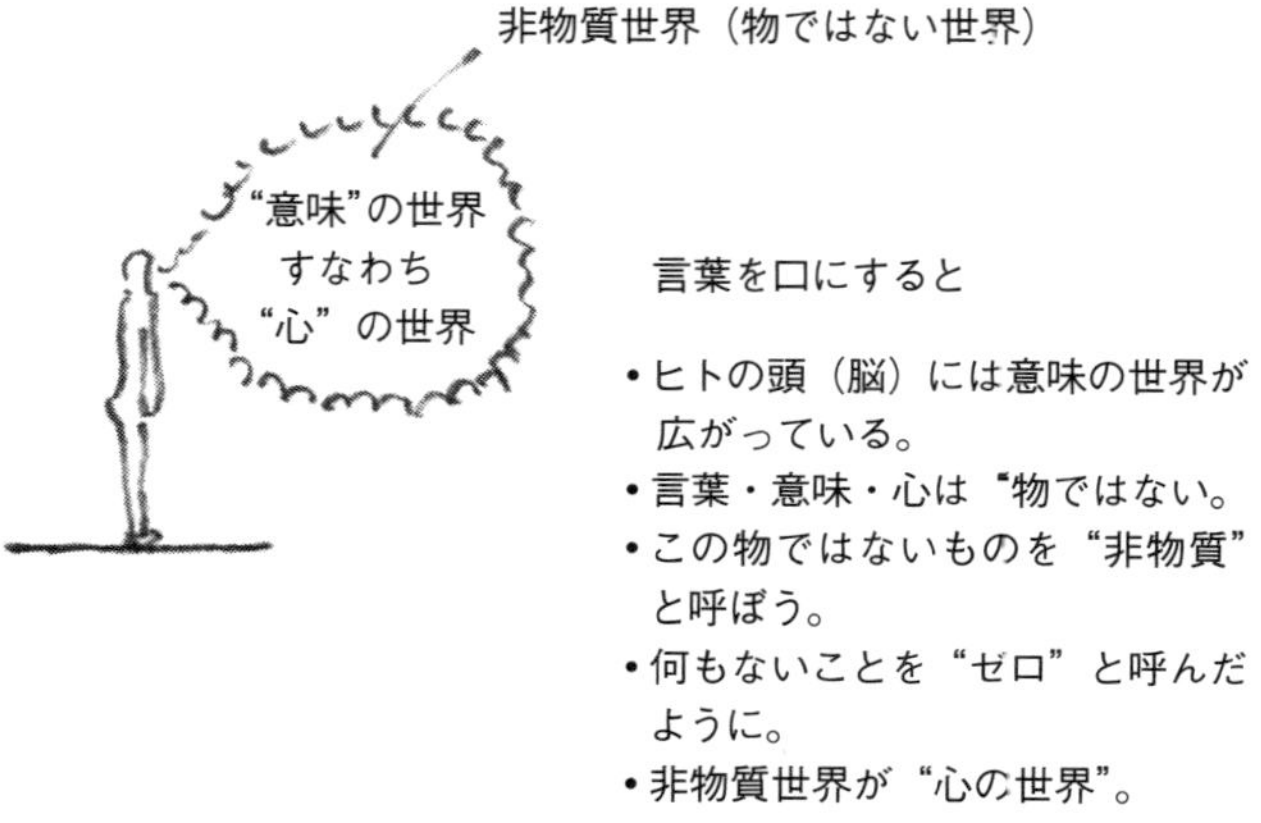
非物質世界（物ではない世界）
“意味”の世界
すなわち
“心”の世界
言葉を口にすると
•ヒトの頭（脳）には意味の世界が広がっている。
•言葉・意味・心は“物ではない。
•この物ではないものを“非物質”と呼ぼう。
•何もないことを“ゼロ”と呼んだように。
•非物質世界が“心の世界”。

◉イメージ図１－１－２（非物質）

要するにヒトの脳の世界には「非物質の世界」と「物質の世界」の二つの世界があるということになります（イメージ図１－１－３）。

さて、この〝非物質世界〟なるものですが、実はヒトの世界はほとんどがこの世界で満たされています。一つ二つ例を挙げて見ておきましょう。

冒頭で挙げた〝青い〟とか〝爽やかな〟とかいった形容詞の世界などは物ではない世界です。またよく言われるものに〝イメージ〟とか〝抽象〟とか〝リアル〟というものがあります。イメージとは画像や映像のことを言います。この画像や映像というものも物ではありません。抽象なるものも現実ではないものとしての物ではない世界ということです。またリアルという言葉から思い起こされる、

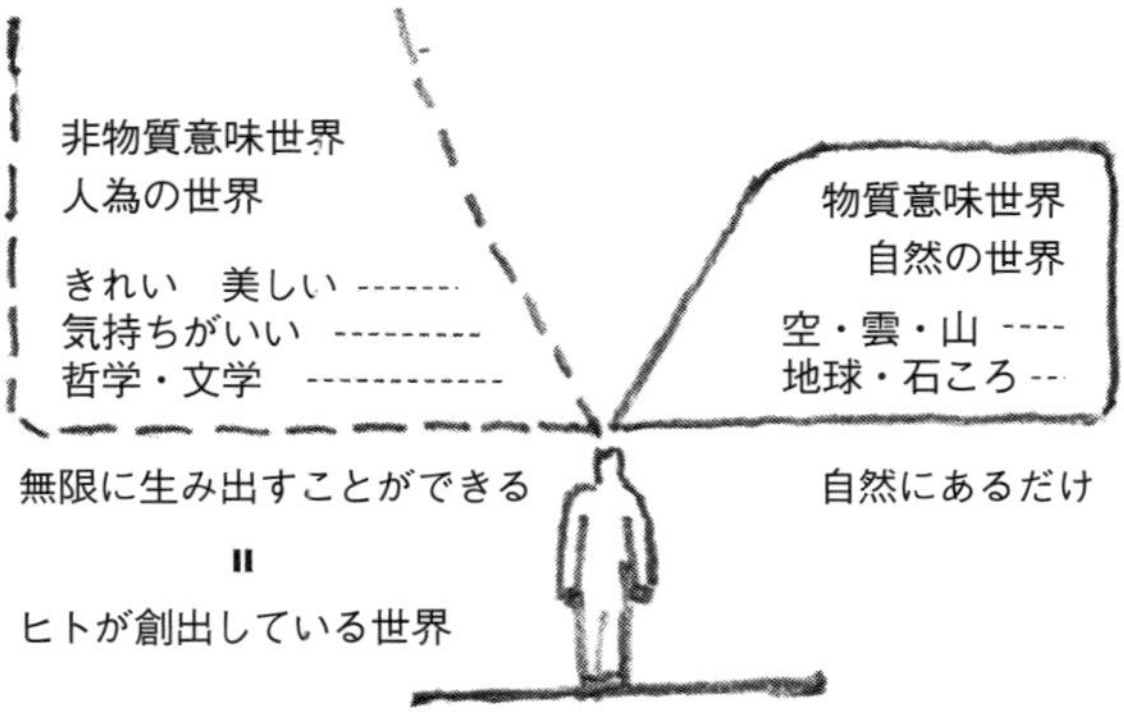

◉イメージ図1－1－3（二つの世界）

何かがそこに明らかにあるといった〝気分〟というものも明らかに物ではありません。

このようにヒトの世界では非物質世界が実際には広大に広がっています。ですからこの世界を理解するためにはどうしてもこの「非物質」という新しい用語にして、その概念を一般化しなければなりません。こうすることで初めて、これまで気づけなかったこの新しい非物質世界が見えてくるのです。

本書は、正にこの非物質世界をこそ明らかにしていくものです。

この非物質という命名について触れておきます。

数学世界には、ゼロの発見というイベントがありました。ゼロという言葉があることで、いちいち何もないことを、「ない、ない」と言っている必要がなくなりました。何もなければゼロと一言言えばよいだけです。0という記号と合わせて数学は、それまでとは別次元の進歩をしたものです。

非物質という命名も、物ではないものといちいち言わずとも、一言非物質と言っただけで、物ではない世界がありありと現れ出るという効用を持っています。数学におけるゼロの発見と全く同じとは言いませんが、それに準じた意義となっていることを強調しておきたいと思います。

この非物質なる言葉が頭に浮かんだ時には、ここには何かあるぞといった、何とも言えない思いが、私の頭の中を巡ったものです。そんなことでこの自由研究にのめり込むことになってしまったものでもあります。そしてこの非物質概念こそが、ヒトの認識世界を解き明かすための原動力となったものであり、さらにはこの言葉がなければそれは成し得ないことでもあったということです。

さてここで特に注意しておいていただきたいことがあります。このような意識世界というのは、そもそも非物質世界であるということが第一義となっている世界であるということです。細かくは後に触れていきますが、このことを頭の片隅に入れておいていただきたいと思います。ヒトの脳はこんなことをしていました。

さて、この意識に関して、脳科学世界での議論において必ず登場するものに〝クオリア問題〟というものがあります。いったいこれはどういうものなのかが言い当てられないでいるものです。

このクオリアというものも非物質としてのものですから、捉えどころがなく、科学的に言及できないでいたものでしょう。

これまでのクオリアの捉え方としては、覚醒感覚とか生々しい感覚とかいったコトバがあてられていて、赤い色を赤く感じるその感覚とか、好きな音楽を聴いて「おおすごい」といった感動といったもののこととして説明されているものです。このクオリアは何か意識とか心といったものに関係があるのではないかということで脳科学世界の話題の中に必ず出てくるものです。結局このクオリアとは何なのかを言い当てることができなくて、〝クオリア問題〟として残っています。

ここで気づかれた方もいらっしゃるのではないかと思いますが、このクオリアこそが〝実感〟というものであって、且つ〝意味〟が生まれていて、〝意識〟が生まれている現象そのものがこの〝クオリア〟なのです。つまりクオリアとは、正に「意識現象」そのものだったということです。

このヒトが実感するという事実は、ヒトであれば、誰にも起こっている現象ですから、この現象があるということは、科学的事実であることは明らかなことです。非物質世界というものは、この〝実感〟を通して知ることのできる世界であって、そうすることで〝非物質〟は科学的に扱うことができるものだということをここに知ることになったのです。逆にそうしないと扱えないということです。

このように、実感、クオリア、意識という一連のものは、全て〝意味〟というものに帰結しているということも知ることができました。これらのことは、全て科学的事実として言える〝事実〟となっています。

これまでよく言われてきたものに、神経科学はイージー・プロブレムだが、意識はハード・プロブレムだというものがあります。神経科学がイージー・プロブレムなのは、その対象が物の世界ですから科学することができるので、いずれはそれを理解する時が来ます。しかし意識は非物質世界であることで、これまでの物の科学ではそれができません。従って、従来の科学の対象にはなれないものなのです。意識がハード・プロブレムだったのは、それが物ではないもの、すなわち非物質だったからだというところにあったのです。しかし私たちはもう知っています。

さてここまで来ただけでこの〝クオリア問題〟とか〝意識のハード・プロブレム〟という意

識にまつわる諸問題が一気に解決してしまいました。すなわち科学的事実として記述できてしまったのです。たったこれだけのことでした。非物質概念の威力です。

要するにこの意識現象なるものは、ヒトが生得的に持っているヒトの脳の能力なのだと認めるしか他にはないものです。ただこのことを認めるだけでいいことなのです。これまでの自然科学ではどうしても解明できない現象です。逆に、この〝実感〟を根拠とすれば、非物質世界を科学することができるということになるわけです。

これらのことこそ、私の自由研究の第1歩となる、意識というものを捉えることができた、〝体験的事実〟から発見できたものの全容です。しかしそうは言ってもこれで本当に意識というものが分かったことになるのか、との思いも皆さんにはあるのではないでしょうか。まあ騙されたと思って、先ずはこのまま読み進めていただきたいと思います。

さらに、この意識にまつわることで最も重要な点についても触れておかなければなりません。ヒトの脳の生み出す意味という非物質世界は、その原理からして他者には全く無関係に起こっている現象だという点にあります。意識現象は、そもそも個の脳内で起こっているものですからそのヒトの脳内だけでの話です。言われてみれば当然のことなのですが、案外ここには気づけてはいないのではないでしょうか。

しかしここにこそヒトの意識世界の〝主観〟世界を示す「原理」としてのものがあると言えます。主観という世界は、1個のヒトの脳に生まれている〝意味〟なるものを、自由に紡ぐことにこそ、その意義があるということです。すなわち、個の脳内だけで、それは完結しているものです。それ故に主観ということです。ここにこそ従来の哲学では言及できない、科学的事実としての、何やらヒトの本質がありそうです。このことがもたらすさまざまについては改めて述べていきます。

本書を読み進めていく上でちょっとしたコツが必要です。ここまでよく出てきた〝実感〟というものについてです。皆さん一人ひとりには必ず実感があります。この実感が生まれていることを特に意識していただいて、且つこの実感を信じてやっていただきたいのです。意識とは何だということを知る方法は、これが非物質のために、この〝実感〟を通してしか知ることができないものだからです。一旦慣れてしまえば何ら難しいことではなく、誰もが実感していることそのものが、意識だというだけのことです。そしてこの意識世界こそが、認識するということに通じていて、これらの全てにおいて実感しているという言葉で置き換えることができます。ヒトが何かを知り得たということは、知ったという実感をしているということです。非物質世界を知るためには、このような方法しか、他にありません。

実感とは、〝〇〇感〟というものです。このことは本当に重要なこととなっています。ヒトの脳の中には、基本的にこの〇〇感しかないのだということです。すなわちヒトの頭の中は、非物質の世界だということになります。青い空と口にした時に、頭にあるのは、〝青い空感〟だということです。だんだん分かるようになります。今は、分からなくても、大丈夫です。

1-2　言葉って何だ

言葉とは、意識を生むための道具となっているものでした。結論としてもいいものでしょう。私は、このことを結論として話を進めます。ヒトの脳は、言葉を道具として目の前の事物にいちいち意味付けをしていました。従って言葉と意味は一体のものです。言葉そのものが意味になっています。この意味こそが実感として生み出されているものです。そういう意義から私の自由研究では漢字の「言葉」に変えて「コトバ」というカタカナを当てていくことにしたいと思います。〝言葉〟とは〝意味〟そのものだという特性を強く意識しておきたいがためです。

「言葉」とは「コトバ」だったのです。

さてそれでは、コトバというものは、ヒト以外の動物にもあるのかが疑問に上がります。コトバに関する話題として、鳥のさえずりにこのコトバがあるとか、ありそうだとか何だとかといった研究があるのだとテレビで放映されていました。またペットとのコミュニケーションの中に何か通じるものを感じるとか、芸を覚えるいろいろな動物との間にも何かそんな意味のやりとりがあるのではないか、植物だって環境に応じてあたかも意味をやり取りしているようだとか、そういった話題が多く見られます。しかしこのことに関して、私の自由研究では結論を出しておくことにします。動物や植物にこの〝コトバ〟というものは絶対にないのだと。こんな結論に対して不快感を覚える方もあろうかと思いますが、ここは私の自由研究は科学であることで、そこはご理解いただかなければなりません。科学的に、こういう結論が未だに導かれていないことに、私としては全く納得できないことであるとともに、動物学・脳科学の世界にあって、ヒトと動物が、明快に分けられていないことには全くあきれる以外にないものと思ってもいます。動物にこのコトバがあって、動物が意味を生んでいるなどとどうして言えるでしょう。こんなことは絶対にありません。動物とは会話（意味のやり取り）は、できません。動物が、コトバを持ったらヒトになってしまいます。

では動物をどう理解すればよいのでしょう。私は思います。動物の世界では、コトバなど全く必要とはしていないのであって、彼らは、ただ互いに反応し合って生きているだけだと考えればいいのだと。何ら〝意味〟など必要とせず、ただただ彼らは、彼らの本能や環境に〝反応〟し合うことで、充分にその命をつないでいけているものと考えます。逆に、だからこそ動物たちは、自然でいられるということです。そして動物の行動は、先ほどの鳥を含めて全てこの反応で完全に説明がついてしまいます。

つまり動物に意識現象は決して起きてはいません。少なくともヒトと同じ意識現象を起こすコトバなど決して持ってはいません。こんな意識現象を起こしているのはヒトの脳だけです。このことについては後で述べる動物脳に関する項でさらに詳しく記していくことにします。

さて、意味を生むのがコトバであるという事実から、コトバの起源というものも想像することを可能にしてくれます。コトバの元は、アーウー音声にあるということです。コトバは、口から音声として発せられさえすれば、その機能は果たされているからです。アーウー音声に身振り手振りを付ければこれで充分コトバとしての役目を果たすことができるということを考えても容易に想像できることです。幼児の言語獲得研究もいろいろ行われているようで、大方このような見解になっているように思います。

〝はじめに〟でも書きましたが、私には孫がいて、その子たちが、コトバを手にする様をつぶさに観察をしていました。そこでもちゃんとしたコトバになる前にすでに意味の交換はできていました。アーウーの音声だけで充分可能だったのです。コトバの元は、音声にこそあるものです。

さらに、このコトバの始まりそのものが、人類誕生に相当しているのだと明確に言及できます。ですから、このコトバの誕生というものを、人類起源の探索において、それに科学的に迫る根拠ある道具とすることができるわけです。人類史とは、コトバ獲得史そのものだということです。

私は私なりにこのコトバの起源を思いながら人類がどのように変化してきたのかについても心を寄せてみました。しかしこのことについては、本書の規模の制限から、残念ながら割愛しています。

「言葉」とは「コトバ」でした。

1−3　意味って何だ

ヒトは、コトバを口にすることで脳に意識現象を起こして、そのコトバによって意味という非物質の世界を実感とともに、生得的に生み出しています。そしてその意味の世界は、コトバを当てないと決して生まれることはないものです。すなわちコトバは意味そのものです。

そのコトバを当てる相手には二つの世界があります。一つは非物質の世界、もう一つは物質の世界ということになります。

先ずは、すでに記したもので、気持ちがいい、爽やかといった物質ではない非物質に当てるものです。これらは非物質意味ということです。

一方これに対して当然、物や物体にもコトバは当てられています。空とか雲、壁というものです。物質意味です。

そもそも、頭に浮かんでいる〝意味〟なるものは、当然非物質です。物ではありません。ですから物質意味は、もともと非物質だったものを、物質に当てることで物質意味にと変化しているということです。このことを、別な面からも見てみましょう。そもそも頭に意味が生まれたということは、意味という実感が生まれたということです。すなわち実感という非物質としてのものが頭に生まれたということですから、そもそも非物質としてのものということになります。ここが大事な点です。ですから、意味すなわちコトバというものは、あくまで非物質であることが第一義なのです。

物に当てた意味であったとしても、初めはあくまで非物質です。しかし、物質に当てられていることを〝実体験〟として知っていることで、意味の非物質性が、物質性に変化しているということです。このことを私は「意味の変容」と呼びたいと思います。

少し前で、このことに関して、意識世界とは非物質世界であることが第一義となっているのだと言及していますが、実は、このことを指していました。このことは特に、科学世界において、その理解を誤らせることにつながる「認識問題」の原因をなすものです。詳しくは、1－

4項で記します。

それぞれのコトバの持つ意味を「非物質意味」「物質意味」と呼んでいくことにしましょう。そうすることで二つの意味世界の特性がはっきり見えてきます。これらは、文系、理系というコトバに直接つながっていて、この新しい概念を用いることで初めて、それぞれの世界が全く別な世界となっていることを明確にすることができます。


ここで指摘しておきますが、意味とコトバは全く同じ意義となっていますから意味というところをコトバと言い換えても何ら差支えがないこともあえて記しておきます。

もう1度非物質意味（すなわちコトバ）の例を挙げておきましょう。

・きれい、爽やか等々といった感情にまつわる全てのコトバ。
・国、社会、経済等々といったこれらにまつわるあらゆるコトバ。
・思考、文学、哲学等々といったこれらにまつわるあらゆるコトバ。
・映像、芸術、音楽等々といったこれらにまつわる全てのコトバ。
等々。

このように非物質意味（コトバ）は、ヒトが自分の頭から自由に生み出している、〝人為的〟なものだということになっています。全く自由な世界です。

一方物質コトバは簡単です。空や雲、石ころ、水といった物や物体に当てたコトバですから容易に分かります。

物質コトバ以外のコトバは、全てが非物質コトバとなっていることは、もうお分かりでしょう。このようにヒトの意識世界は非物質意味世界と物質意味世界の二つでできていることが分かります。ですから何かが〝存在する〟という時には、必ずこの二つの世界のいずれかにおいて存在しているということになります。

さて、この意味という世界は、前に記したように、個の脳から一方的に生み出されているものだという特性について、ここでも強調しておかなければなりません。主観世界のことです。個に実感されている意味は、他とは無関係にあります。それらは個々の実感ですから、互いに真に深く共鳴し合うことでその存在を確かめ合うことしかできないのは当然です。従ってこの実感どうしの世界にあっては、個と個の間で問いを発し合ったとしても、それらを一致させることなど原理的に不可能となっているわけです。仕方がないのです。正に原理です。

ヒトの実感世界すなわち主観世界とはそういうものです。答えだと提示したところで個内でだけでの実感・意味でしかないのですから、一方的な個の答えとしての実感・意味にしかならないことは当然です。皆さんもすでにこんなことだということくらいは、当然のこととして分かっています。しかし「実感」の世界が根本の原理になっているということは、案外分かってはいなかったのではないでしょうか。

主観世界とはこの〝実感〟の世界だということで、その存在の実態が〝科学的事実〟としてその姿を現すのです。

ここで、この〝科学的〟ということに触れておきましょう。定義の問題です。

以下は、私の見解です。

科学世界とは、そこには必ず「一定的解」があるということが一つの原理・原則でしょう。加えて「全ての人類が、〝YES・そうだ〟とする」ものも科学と呼ぶことが可能です。例えば、「人類は全て〝コトバ〟を持っている」などの言説は、科学的事実としてよいものでしょう。これは、言説世界にある科学としての定義と言えるものです。

この2点があれば、科学世界としていいものと私は思います。

ここまで私たちは、〝実感する〟という科学的事実を根拠にして、その周囲の世界を見てきました。ですから、これらから言及できる言説は、科学的事実とすることが可能となっていると言えます。

ヒトの言説世界にも、一定的な解が存在している科学世界がありそうだということです。非物質世界にも何らかの科学世界がありそうですね。ヒトの本質につながっているかもしれません。

さて、そこでこの実感の世界について改めて見てみたいと思います。少し前で触れた主観という世界の話です。

この世界では、問いを発することは自由にできます。しかしそれに対してこれが答えだと提示したところで、個の中だけでの話にしかならないし、なれないというちょっと変な世界を呈していることになっています。他者の目のものではないのですから、個の発するその答えらしきものは、あくまでも他者にとってはいわゆる答えにはなれていないし、そうは絶対になれないわけです。すなわち自己言及という〝矛盾〟の形でしかないのが、意味の世界の原理としてのものだということになります。確実に〝矛盾世界〟となっているという、ヒトの脳が生み出す特殊な意味世界だということです。このことも〝科学的事実〟として言えてしまうという事実を、ここに知ることになりました。

もう1度整理すれば、個の生み出すところのその思いや考えというものは、決して答えにはならないということです。一方哲学というものは、そもそも、この個の思い、考えというものですから、哲学によって答えを出そうとしてみても、それは叶わぬこととなっているということです。ここは非常に重要なところです。

西洋哲学にあって、このような点を指摘できているものに出会ったことはまだありません。まあ少なくとも、答えとして提示できない世界であるらしいとの感覚的な捉え方は、いろいろな哲学にも表れますが、そうだと断定できないために最後には〝あるべき〟とか〝すべし〟といった啓蒙になってしまいます。

しかし、ただ1点仏教世界にあってこの事実を宗教哲学的に捉えている論のあることにも、ちょっと触れておかなければなりません。それは仏教における歎異抄《たんにしょう》に通じる仏教哲学において、ヒトの世界にはただ問いだけがあってその答えはない。問いだけが我々を苦しめる。そういう中で我々は生きて死んでいかねばならない。我々は賢いようだが、愚かで未完成の存在である、ということを認めていてその先に火宅無常の世界においては一切が空言であり、たわごとである。ただ、念仏だけが真実なのだと説いています。このようにこの仏教哲学だけは科学的事実としての世界を言い当てることができているものです。しかし、あくまでも仏教哲学としての世界での話であることでその提言は、やはり弱いのです。

しかし今ここに私の自由研究においては、ヒトの生み出す意味世界というものは問うことはできても、そこに答えを提示することのできない矛盾世界であるというそのことを科学的事実として言及することができるものとなっているものです。

これまでの一般的な西洋哲学すなわち古代ギリシャ時代のプラトンやアリストテレスに始まる哲学世界にあっても、当時から現在までを通じてこの答えのないということを知らずに、ずっとその答え探しを続けているという大きな誤りの道をたどってきたという歴史の上にあると言えるのです。未だに哲学に答えを求めてしまうという誤りは全く解消されてはいません。歴史上、哲学が答えを提示できたことなどこれまで1度たりともないはずです。それに対してこの仏教哲学が提示するところの問いがあって答えがないとして言及できているものはまぎれもない科学的事実としての唯一のものだったということに私としても驚いているところです。

他にも仏教世界は、割とこういう非物質世界をそのまま受け入れているように思えます。変に科学世界を持ち出さないことで、それが可能となっているのでしょう。

このようにヒトの意識世界は、この「意味」にこそ帰結しているのだということとともに、この意味世界というものにおいては、奇妙で不思議とも言える現実が展開されているのだということを、ここでも指摘しておくものです。

さて、この〝意識〟というものについての哲学世界、脳科学世界、神経科学世界における現時点での理解はと言えば、全く何も分かっていないというのが現実だと思います。非物質世界故に当然のことです。依然としてハード・プロブレムのままです。

ですから神経科学者は、この意識についてはあまり話しません。話すとすれば意識をいろいろと定義することで論じたつもりではいますが、これでは成功しませんし、意識とは何かを言い当てることなどできません。

一方、哲学者は意識についてよく話します。話すのが好きなのです。しかし決して科学にはなれません。

また一方では、意識は科学で記述することができないものだという指摘をするヒトもいるにはいるのですが、そこでは脳という物体を科学することはできても、意識というものは難しいものだという意味で、やはり意識はハード・プロブレムだと主張するだけです。

今のところこれが意識理解の最先端というわけです。こうなる理由が、意識が生まれる現象すなわち意識現象が、非物質現象だというところにこそあることは、読者の皆さんはもう理解されています。

さてこの非物質意味世界は、ヒトの脳が意識現象を起こすことでそれが生まれているのですから、全くの〝人為的世界〟となっています。動物は、こんなこと絶対にしていません。これすなわち〝人為〟そのものなのです。決して自然のものなどではありません。

このようにヒトが生きる非物質世界とは、全てが〝人為〟の世界となっています。すなわち〝ヒトが創り出している〟世界です。ヒトが〝創造している〟世界です。ある意味驚異的です。人為ですから、もはや機械やロボットには、絶対にないものです。これこそが〝知能〟というものの実態です。最も重要な点でしょう。このことにおいて、もはやヒトは自然ではなくなっています。

だがしかし1個の生命体として見ればそれは、自然生物の一部であることは明らかではありません。ヒトの自然性は果たしてどこにあるのでしょう。問われるところです。

〝人為〟とは、〝非自然〟だということです。ではこの人為は、反自然なのか親自然なのかが問われます。いったいどちらが答えなのでしょう。答えはあるのでしょうか。

ヒトはこんな不思議で、変な意味世界をこそ生きています。ヒトは変なものなのかもしれません。

ヒトが意味世界を生きるということは、どういうことでしょう。

ヒトは意識を生んでは意識の世界を生きています。実感とともに意味を生み、これに続いて、この意味を知ることで認識するという二つの現象行動を生んでいます。ヒトが生きるとは、この認識行動を、非物質、物質両世界において継続的に行っているということに集約されます。認識は、ヒトが生きることの中心にあるものだということです。ヒトは、あらゆる事物を認識することで生きているのです。

そういうことで、この意味を知る、すなわち認識が生まれている現象のことを〝認識現象〟と呼ぶこととします。

ヒトがコトバを口にした瞬間に、実感と意味を生むという意識現象を起こし、これに続いて意味を知るという認識現象を起こすことで、この認識世界が生み出されていることになります。これこそがヒトの意識の世界です。このことについては、後の1－5項で詳述します。

〝認識する〟ということは、コトバを介して〝意味世界を知る〟ということでした。ということは、意味世界を知ることが、そのまま認識世界を知るということにつながっていると言えます。そしてこの意味世界というものは、〝分類〟することができる世界となっています。ですから、これを分類することで、認識世界を可視化することができるのです。ヒトの認識世界が見えてきます。

本書は、そもそも、ヒトの認識世界を明らかにすることを、目標としているものです。そして、この世界を、科学的事実として語ることができる世界を構築したいのです。どうやらそこへ近づいているかもしれません。ヒトの本質をつかむことができるかもしれません。意味世界をこの目で見ることができれば、きっと面白い世界が展開していることでしょう。

意味とは、ヒトが生きるということの本質をなすものなのだということです。

1-4　意味は変容する　～順変容・逆変容～

非物質意味が物質意味へと変容することは、すでに説明しました。ヒトの頭すなわち脳に浮かんでいる意味なるものは、そもそも非物質ですから、物に当てて初めてそれは、物の意味に変化するということでした。この非物質から物質へと変わることを順変容とします。逆変容とは、逆ですから、物質から非物質への変化ということです。二つの方向がありますが、意味が非物質であることから、順変容が主ということになります。

先ずは、順変容から見ていくことにします。

ヒトが〝認識〟する時には、真っ先に〝意味〟なる〝非物質世界〟が脳に作り出されているのだということを肝に銘じておいていただかなければなりません。そして　その非物質意味が、物質意味として現れるためにはこの非物質を物質に変容させる必要があるのだと言ったことを思い出してください。この変容を起こすためには、科学現象が介在する必要があります。この科学現象があることで、この順変容が起こっているのです。ヒトは、この科学現象の存在を、経験的に記憶として持っていることで、いともたやすく達成しています。ですから、この変容が起こらなかったり、起こせなかったりすると、それは非物質のままだということです。

具体的に述べましょう。

ヒトの視覚について見てみます。五感のうち、視覚だけは特殊な知覚をしています。視覚以外の四つは、全て科学現象が介在することで知覚しています。一方視覚は、網膜に映っている映像を知覚しています。この映像なるものは、物ではない非物質としてのものです。ですから、そこに映っている映像は、まだ非物質意味の状態にあります。

さてここで、あなたは、少し遠くから近寄ってくる、人物のようなものを目にしています。その人物のようなものは、音もなく、すれ違いざまの風も起きなく、匂いもせずに通り過ぎてしまいました。あれっ、今のは何だった？　幽霊だったのか？　ちょっと怖いですね。

次に、もう一人の人物のようなものがやはり近づいてきます。今度は、足音が近づいてきて、すれ違いざまに風も起き、香水の香りもしました。これなら決して幽霊などではなく、明らかに一人の人物だったと言えるでしょう。

このように目に映っている人物のような映像は、最初から人物だという物体であるとは限らないものです。映像は、あくまで非物質ですから、それを知覚する際に、足音や風や匂いという科学現象を介在させないと、物体だとは言えないのです。

これが順変容ということです（**イメージ図1－4**）。

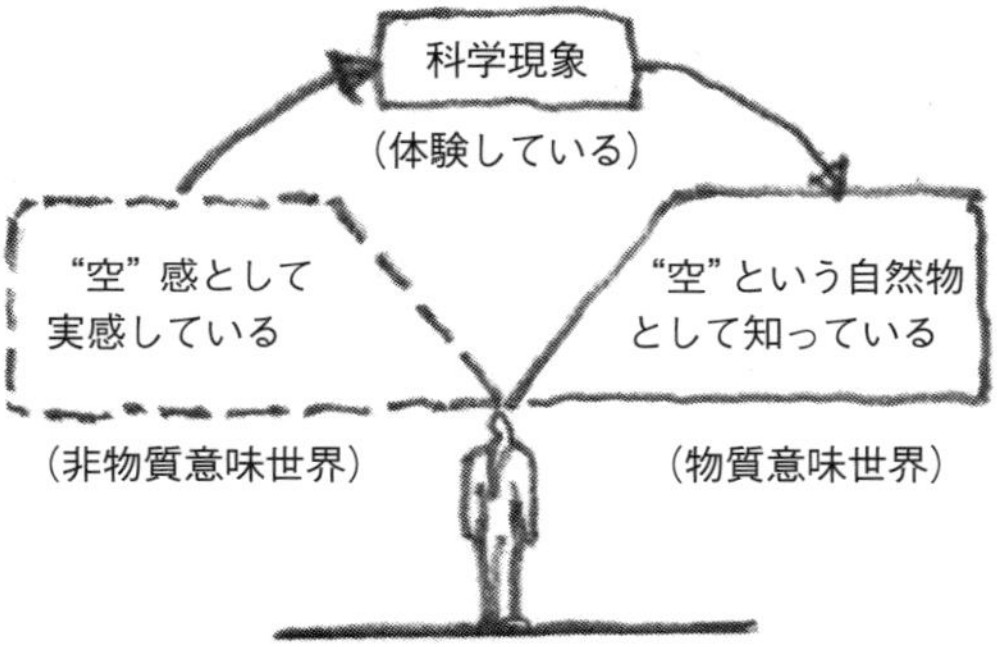

• 意味とは、頭（脳）に、〇〇感として浮かんでいるもの。それ故に非物質意味である。その非物資意味が、科学現象が介在すると物質意味に変る。

◉ イメージ図１－４（順変容）

次に逆変容について見てみましょう。逆ですから、物質意味から非物質意味への変化ということです。これも普通にあるものです。しかしつぶさに観察しないと見えてはきません。

では、写真や映画などはどうでしょう。これらは正に、物を映像という非物質に変えています。

この逆変容は、人類誕生間もない時代にもう始めています。それは、古代人類の洞窟壁画として見ることができます。ヒトの手を壁に押し付けては写し取って、手形としていますが、これなどは、自分の手という物質を、手形という非物質に逆変容させています。無意識にやっているのは、当然でしょうが、自分の手形が現れた時は、先ずは大いに驚いたことを想像することは容易なことです。足跡などは、当然普通に目にしていたとしても、こちらは、物質から物質へのことですから、何ら驚くことなくただ受け入れていたことでしょう。同じ〝跡〟でも、これほどの違いがあるということです。

さらにヒトなどは、ウソや騙しや偽物などと、この非物質への変容など当たり前にやっているもののようです。SF映画などは、SFと映画という二重に逆変容させているものです。

このように、逆変容は、人為のこととして起こしているものです。それ故に、これは自然には決してないものです。当然と言えば当然です。物が、物でないものに、自然に変わるはずはありません。ロボットが、実感を持つことなどないということにも通じていると思います。

人為として起こすこの場には、ヒトの悪性が、しばしば顔を出すもののようです。

もう一つの興味深い具体例を見ておくことにしましょう。それは〝時間〟です。

この時間については、脳科学者や哲学者、物理学者といった方々と言えども、今日まで正しく言い当てられた方はまだおられないと思います。非物質の概念がまだないのですから。

時間とは何かということです。時間は、誰にもあるものです。ないと言う人はいません。ではこの時間とは、物でしょうかそれとも物ではないものでしょうか。それは直感的に言って決して物などではありませんね。ということは、時間は非物質だということになります。ですからこの時間は、ヒトの非物質意味として、頭の中に〝時間感〟としてあるということです。

では、物質としての時間とはいったいどういうことでしょうか。それは、時間の流れという物理現象があるのかないのかが問われているということです。もし時間の流れという物理現象があるとすれば、それは発見されているかどうかにかかってきます。

いかがでしょう。私は、まだ耳にしていません。皆さんも同じだと思います。時間の流れという物理現象は、ないのだと思います。

ということは、時間は非物質から物質への変容は起こせません。ですから時間は、非物質世界に留まっています。物質としての時間はないのですから、物理的に時間が速くなったり、遅くなったりという概念そのものがありません。

とは言っても、科学世界には必ずこの時間は登場します。いったいどういうことなのでしょうか。それは、時間の〝仮の姿〟としてのものだということです。この辺の詳細については、後の理系世界の話のところで記していきます。

このように時間は、物への変容はしない、できないものの例です。

1－5　実感から認識世界へ

すでに第1－3項で触れていますが、ここでヒトの意識の世界というものについて少し詳しく見て、整理しておきたいと思います。

ヒトには意識があるとは誰もが等しく言っていることです。しかしその世界を、科学的事実として言い当てることはできないでいることでしょう。何となくそう言われている段階にあるものだと思います。しかしこの意識とは何かについては、ここまで述べてきた中に、すでにその答えはありました。ここでまとめておきます。

ヒトは、〝意識現象〟を起こして意味を生んでいます。そしてこの意味を知るという〝認識現象〟を起こすことで認識世界を創り上げています。

〝意識の世界〟とは、意識現象と認識現象の二つがもたらす〝現象世界〟であるということになります。これまで意識というコトバは、意識の世界そのものを指して意識と言う場合と認識世界も含めたものとして意識と言う使い方になっているものと、この両方があると考えればいいでしょう。これで〝意識〟とはどういうものかが、明確になりました（イメージ図1－5）。

ヒトが認識する、すなわち意味を処理するという行動にあっては、次の2点が重要な位置を占めています。

ヒトが物質意味世界（科学世界）を認識する際、先ずは、非物質意味として実感に上げて、その後で物質意味に〝順変容〟させることで始めて、この物質意味世界を知っている。これが第1点。

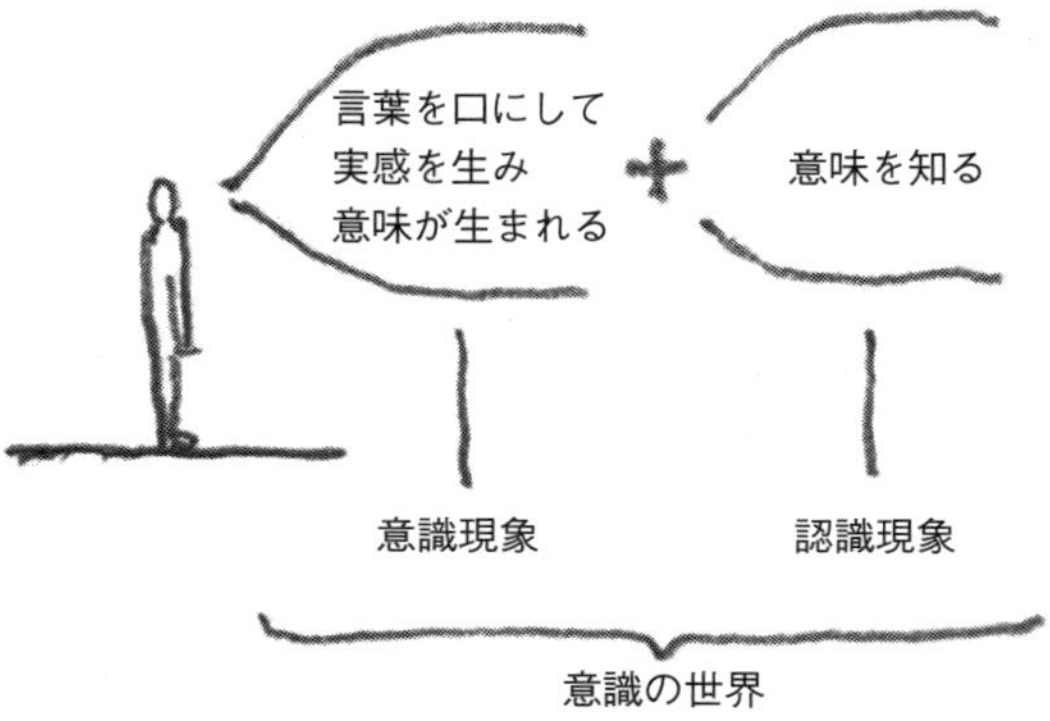

・言葉を口にすると意識現象と認識現象が連鎖的に起こって意味世界が生まれている。

◉イメージ図１－５（意識の世界）

そうして物質になった物質意味を、今度は、非物質意味へと逆変容させては、非物質意味を手にしている。そして〝逆変容〟は、人為のものであることで、自由自在なものとなっているということでした。これが第２点。

ヒトが認識するという一連の流れの中にあって、これらの変容の存在は、〝原理〟としてのもの、すなわち一定的な解となっているということが分かります。

そこでこの原理に対して私は、「認識原理」というコトバを当てたいと思います。

これらのことは、前に述べた意識世界の非物質性についての話を一部具体的にしたものです。特に科学の世界においては、この認識原理を通して非物質を物質に変容させる必要があるのだということをここに再確認しておきたいと思います。

この詳細については、さらに、後の理系の項で具体的に述べることになります。


再々述べますが、ここまで、実感を通して〝意味〟を知るという認識世界の概要について述べてきました。そして、ヒトなら誰にもある実感を根拠にして、ここまで非物質世界について記述してきたことは、確かに科学と言えるものと私は考えます。物ではないもの、すなわち非物質なる世界を、科学的に論じることができていると言えることに、皆さんもきっとお気づきのことと思います。物ではないものなど、これまでどんな科学者にも、また哲学者にも、決して論じることなどできなかった世界だと思います。

そもそも物でないものなど、従来の科学の対象には決してなれません。実感というものは、そこにあるものとして認めることしかできないものです。ヒトにはできないことがあるのだと言えるのではないでしょうか。


さて、ここで、意識にまつわるコトバを整理しておきたいと思います。

それには次のような一連のものがあります。〝意識する〟に始まり〝知る〟〝分かる〟〝知覚する〟〝直観（感）する〟〝認知する〟さらには〝覚醒する〟等々があります。これらのコトバについて実感との関連で見ておこうと思います。

・意識というコトバにはこれまでとは少し違った使い方がされることがあります。例えば〝あの娘を意識しているね!!〟と言ってはあの娘がかわいいという実感を生んでいるし、〝あの人は意識を失っている〟と言っては、あのヒトが覚醒を失っていて実感が生めない状態にあることを表しているわけです。そしてそのヒトの意識の有無を確認するのに、名前を呼ぶことで実感と意味の有無を推定しているのです。いずれにしても実感に通じているということです。

・〝知る〟や〝分かる〟ということは、目の前の事物についての何らかの意味というものを知り、分かったということになっていて、いずれもコトバを介して、あくまで実感が生まれていることで知ったり、分かったりしています。

・〝知覚する〟とは、環境や五感に対して反応して、そこにコトバを当てることでその意味を知ったという感覚すなわち実感としてのものを指していう場合に使われているようです。一方この知覚というコトバは、これ以外にも使われることがあります。例えば、新しい知識を得て「そういうことだったのか！」と言った反応とともにそういうことという〝意味〟をこそ実感して新しい知識を知り得た、分かったといった状態が生まれている時にもこの知覚というコトバを当てています。

・〝直観する〟と言って、〝観〟を当てる時は、ある事物について一つのことだけに限らずに物語としても実感が生まれていて、その意味世界を新しく創造的に創り上げた世界感を指してそう言っています。これに対して〝感〟を用いる時は、ヒトには実感を生む能力があることで、本来ヒトに備わっている感覚をそう言っているものです。直接的に意識や認識に通じているのはこちらの方です。

・〝認知する〟というコトバは、何か知ったり、分かったりすることをわざわざ認知すると言っては、専門的、哲学的ニュアンスを持たせる時などに使われます。例えばある存在を知るという確認的な意味のコトバとしているものと言えるでしょう。いずれにしても認めるも知るもともに、あくまで事物の意味をこそ認めて、実感とともに知るということにおいて他のコトバと全く同じだと言えます。

このようにヒトがやっている意識行動というものは、あらゆる事物にいちいちコトバを当てては、実感とともに意味を生み出して、その意味世界をこそ知っているのだということを再確認しました。知るということ自体が、実感していることであって、逆にこの実感なしに知ることなど全くないということです。

さて、これら意識にまつわるいろいろなコトバを見てきましたが、これらを代表するコトバに登場してもらいます。「認識」というコトバです。

この認識というコトバは、もうすでに使ってきました。しかしここでは、認識世界について見ていくことを目標としていますから、用語について整理することから始めたいために再度登場してもらいます。

この認識するというコトバは、今までのコトバの全てを代表するものですから、このコトバを用いることで意識世界を統一的な概念にして記述することができるようになる中心的なものです。

この認識するということも当然〝実感〟を通してしていることです。あくまでヒトは、この実感を通してしか認識に至ることはありません。そしてこの実感とは、〇〇感というものが生まれているのだということです。

簡単な例を挙げてさらに分かりやすくしておきましょう。例えば〝自由意志〟とは何かと、脳科学界では必ず議論されます。あると言えばあるしないと言えばない。さてどうだと思いますか。答えはこうなります。それは、〝自由意志〟という何か〝物〟があるわけではなく、〝自由意志感〟という、物ではない非物質としてのものがあるのだということです。常に〝ある〟

と言うのは〝ある感〟です。非物質は、常にこのようなあり方になるのです。必ずこういうあり方にしかならないのが、非物質ということです。

ここで重要なことがあります。ある感が生まれているということは、ヒトが何かしら行動を行った後に生まれている実感なのだということです。ということは、この自由意志感は、ヒトが何かしらの行動を、先に行った後に生まれている実感だということになります。しかし、常に行動が先にあることが、不思議となってしまっているようで、自由意志というものの実態が、自由意志感だというところへ行けないでいるようです。脳科学世界では、やはり不思議の一つになっているのが、この自由意志というものです。後で述べる脳の話のところでも記していきます。

この〇〇感こそがヒトが認識するということの実態だと言えます。この「実感」と「非物質」とが曲者になって、ヒトの意識世界に存在する「認識問題」というものが未だ明らかにされていないことで、ヒトの認識世界を狂わせています。これを明らかにすることも本書の目標の一つでもあります。

ヒトが認識する世界は、非物質世界と物質世界の二つにおいて行っているのだということを再度確認しておきます。ヒトは、変容を駆使して、この二つの世界を自由に行き来しています。ですから自分の認識している世界はいったいどっちなのかを意識的に見ないことには、普通の当たり前にしていては決して分かりません。それほどにヒトは、この非物質世界と変容に慣れ切っています。科学現象世界以外は全て、非物質世界なのです。驚きでしょう。実は私も、このことに気づいた時には本当に驚いたものです。しかし分かってしまえば何のことはない、逆に当たり前のことでした。

ここで意識現象及び認識現象の不思議について触れておかなければなりません。

この現象は、何度も述べてきたように、ヒトの脳が、物ではないものとしての〝意味〟というものを生み出し、それを知っているというところにこそその不思議の元はあるのだということです。意味とは、物や物体ではないもの、すなわち非物質故にそれだけで不思議なのです。ですからこの現象を、これまでの科学的手法によってその不思議を解くことは、その相手が非物質であることで全く不可能なものでした。従来の物の科学にとっては永遠のハード・プロブレムのままなのです。絶対に解くことのできない世界だと言えるでしょう。

だからこそ、ヒトが等しく実感しているというところに根拠を置くことによって、今私たちがやっているような科学にすることができるのだということを再度確認しておきたいと思います。今、私たちは科学世界にいます。

そういうことでこの不思議な意識現象・認識現象を起こしているヒトの脳は、生得的にこの能力を手にしているのだということを、ただ認めることしか私たちにはできないということです。そして同時に、そうすることに何ら問題があるわけではないのだということも知らなければなりません。

ヒトの脳は全く不思議な臓器です。意味という非物質をロボットから生み出そうとしたところで、それは絶対にできないということで、ヒトは、この事実をただ受け入れるしかありません。〝意識〟はこれまでのような従来の物の科学（自然科学）の対象には絶対になれません。しかもこのこと自体、科学的事実として言えてしまうということです。何度も言いますが、ヒトにもできないことがあるのです

この世にある〝不思議〟は、ひとえにこの〝物〟ではない非物質の世界にこそあるもので、それ故に不思議となっています。この不思議を解くには、これまでのような自然科学としての物の科学では、絶対にできないので、永遠の謎とならざるを得ないものです。

さてこの〝不思議〟ついでに〝生命〟のそれについても触れておかなければなりません。ここでは、今まで述べてきた意味の非物質性とは少し違った、生命に特化した〝非物質概念〟についての話です。

この生命というものも、やはり物質世界と非物質世界の両方を併せ持っていると言えるとい

うことです。生命活動は、あくまで非物質世界のものでしょう。生命には本能というものがあります。ロボットにはないものです。これは明らかに物でないもの、すなわち非物質としてのものです。この生命活動なども、物質から言及できる世界ではないでしょう。こういうことで生命科学という分野においても、やはり最後にはこの非物質世界を記述しなければならなくなっていることで、最後に不思議が残ってしまいます。

例えばこういうことです。生命を何らかの方法で、モデル化またはプログラミング化できたとしましょう。しかしこのモデル化やプログラミング化はそもそも物質世界のものです。このモデルに生命活動という非物質部分を組み込まない限り生命そのものを創り上げることなど原理的にできません。ということは、ロボットを動物にすることはできないということになります。

非物質と物質の間というものは、ヒトには記述できない世界だということです。

このように〝脳科学〟も〝生命科学〟もともに非物質という不思議世界を持っています。ヒトは、この不思議を解く術は決して持ち合わせていない生物のようです。

こうしてみてきたように意識現象や生命活動なるものは、このままその存在をただ認めることしかできないものでしょう。科学の限界と言えることかもしれません。

しかし意識現象については、従来のような物を扱う科学ではなく、今私たちがやっているような、ヒトが実感を生んでいるという科学的事実から、唯一科学することができる世界でもあるのです。一見不思議で、まだ見たことのない科学世界だと思います。

現在のヒトなる生物は、2度も非物質現象を起こすことで今があります。それは、最初は生命になる時、そして次にヒトになる時の2度においてこの非物質現象を起こしています。こんな不思議の上に、ヒトが今地球上にいるなど全くの不思議でしかありません。いかに宇宙が広いと言えども、この地球以外において起こることなど全くあり得ないことではないでしょうか。私は、そう断言してしまいたいと思います。

生命の誕生から現在まで、いえ地球誕生から、さらにその前の宇宙誕生から今日まで、自然はただひたすら変化を続けています。生命誕生も、この変化の中にただ偶然にあっただけのものでしょう。ということは、宇宙の変化や地球の変化と同じ変化の中にしか生命は生まれ得ないということになっているはずです。このように捉えることこそ自然だと考えますが、いかがでしょうか。

地球外生命の存在を探索するのもいいでしょうが、果たしてその意義はどこにあるのでしょう。問われてもいいと思います。ないことなど決して証明できません。

止まることのないヒトの欲望のなせるものかもしれません。

さてすでに「はじめに」でも述べていますが、再度くどくどと述べなければなりません。ここまで、普通〝人・人間〟というところを〝ヒト〟と書いてきました。これには理由があることももう述べました。今この現在にあって、「認識問題」の存在がまだ科学的事実になれていないことにあるのでした。この認識問題を正しく知り得たところで初めてヒトは人・人間に変化するからだと述べました。ヒトはまだ人間に変化できていません。さらに1段変化する余地が残っています。この変化こそ〝進化〟と呼べるものだと思います。この広い宇宙で、ヒトだけが意識世界を手にしています。しかし残念なことに、この意識世界を科学的事実として未だ認識できてはいない段階にあると言わざるを得ません。ヒトは、未だ認識問題を抱えているのです。

この「認識問題」を科学的事実として捉えることができれば、ヒトの本質というものも同時に科学的事実として知ることができるようになれるものと思います。もはやあいまいな哲学に頼る必要など全くなくなります。これを達成することこそ、ヒトに求められている、今一番重要なことなのだと私は強く、強く思うのです。

本書を通読された暁には、きっとヒトは、人・人間に進化しているものとお約束します。再三申し上げますが、本書は、この「認識問題」をこそ明らかにする書なのですから。

1－6 〝非物質科学〟の創成

読者の皆さんとここまで進めてきた話は、実は全て科学的事実としてのものだったということにはもうすでにお気づきのことと思います。私が何度もそう言ってきたのですから当然でしょうか。しかし皆さんにとっては、まだ本当にそうなのかといった疑念もお持ちのことと思います。そのことについて、ここでもう1度確認しておきたいと思います。

科学的事実とは何かについては、少し前で触れています。思い起こしてみましょう。〝科学的〟であるためには、二つの条件がありました。一つは、そこに〝一定的な解〟があること。二つ目は、人類誰もが否定できないものとして存在しているということ、この2点にあるとしてよいことと思います。

自然は完全な因果関係を持っています。すなわち常に一定的な解が存在しているということです。例えば、一見複雑な気象であっても、地球規模で見てみればそこには完全な因果律があります。あまりに複雑すぎて、簡単には分からないというだけです。この気象現象については、複雑系でいろいろ語られるものですが、やはりここには明らかに因果律があるのです。だからこその自然現象です。このことこそが物質世界の持つ最重要な特性です。ヒトが理解するかしないかにかかわらず、そこに厳然とある世界です。

また自然生命についても見てみましょう。これとて自然である限り、自然律の中で互いに影響し合って生きているものであって、そこには必ず因果関係があって、一定的な解の存在の下に成立している世界です。ここでもまたその関係が複雑すぎて、ヒトの力ではその全てを記述することができないというだけです。自然というものは、必ずや因果でできているからこその自然というものでしょう。

しかしこれらの自然の因果律を狂わせてしまう力があります。それこそが、ヒトの行う〝人為行動〟です。このことについて細かく見てみましょう。

ヒト行動は、身体行動と認識行動の二つでできていることはもうお分かりですね。それぞれについて見てみます。

身体行動における人為行動は、自然世界を攪乱する力として作用することで、自然の因果律を壊すことに直接つながっています。そこには当然一定的な解など存在しません。もはや一方的な関係でしかありません。このことは、対自然のみではなく対ヒトに対しても同じ関係を作り出します。それ故に〝人為〟だということになります。

次に認識行動について見てみましょう。

この認識世界は、非物質世界であることはもうお分かりです。この世界は矛盾の世界でした。因果律など存在する余地など全くない世界です。

しかし、実はこのような非物質世界の中にあっても、一定的な解が存在している場がありました。皆さんは、もうすでに知っています。今のところ、私と皆さんくらいしか知らない世界でしょう。大げさに言えば、人類誰一人として、まだ知らない解のある世界です。

曰く「ヒトは意識現象と認識現象を起こしている」とか「ヒトはコトバを持つ動物である」「コトバは意味となっている」「意味は変容する」等々いろいろこれまで述べてきましたが、これらは、ヒト行動の原理としていいものでしょう。これらは、一定的な解であり、また人類全てが認める事実ですから。そしてこれ以外にも、つぶさに見ていけば、原理としてのものが、明らかに数多くあることに気づくことができます。これこそが、ヒト存在の本質を言い当てることができる科学的世界だと言えるでしょう。正に非物質世界にある科学世界というものです。非物質科学世界があったのです。

実際ここには、先ずもって〝基本原理〟というものがあって、そこから導き出される数多くの〝原理群〟が広がっています。これらの原理を言い当てることによって、ヒトの本質を記述できるということになります。

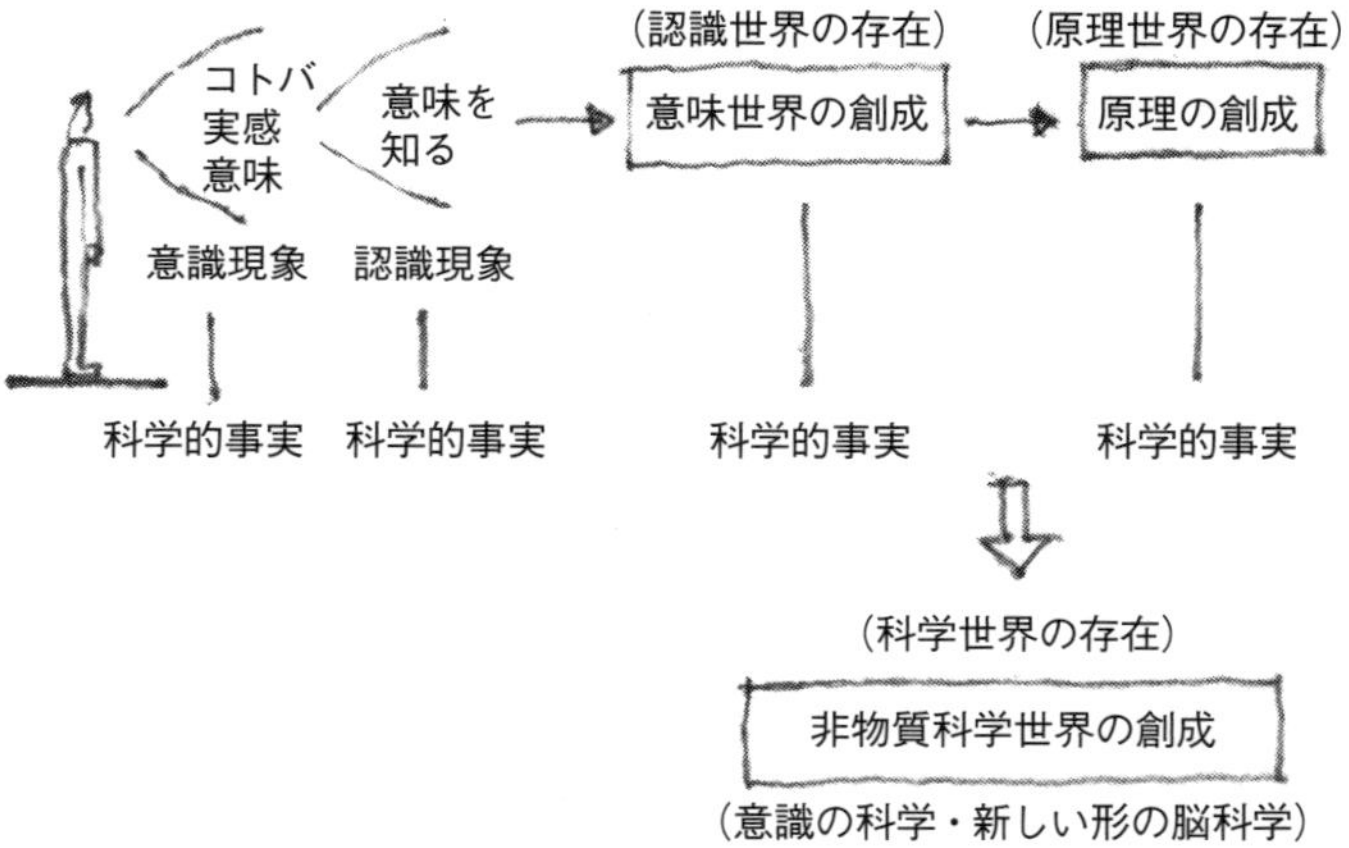

◉ イメージ図１－６（非物質科学の創成）

このような科学世界は、明らかに非物質世界にある科学だと言えると思います。

そういうことで、従来の〝物の科学〟すなわち〝物質科学〟に対して「非物質科学」と呼ぶことにしたいと思います（イメージ図１－６）。

ここに、新しい科学世界が、その姿を現しました。正に創成です。

私が、考え出したとか、創設したといったものでは決してありません。この〝非物質科学の創成〟とは、科学世界がそこにありましたという言明であるということです。決して私の人為のものではないことを強調しておかなければなりません。科学とは、人為ではない、自然世界のことです。

これまでの議論を振り返ってみれば、ヒト

が意識現象、認識現象を起こしていること、それによってコトバを道具として意味という非物質世界を、実感を通して知っているということは、厳然とした事実です。そしてこの事実の中心にあるのが〝実感〟です。ヒトにこの実感が生まれているということは、明らかに科学的事実とすることができるものです。誰もこのことを否定することなど決してできない事実です。

ここまでの話は、この実感にこそ根拠を置くことで可能であったもので、ここまでの議論は全て科学的事実として語られてきたものだったのです。要するに私たちは、ここまで非物質世界を科学してきたことになっているということです。

意識現象という非物質現象世界を今正に科学しています。私たちは今、ヒトが必ず持つ実感というものを通して、非物質世界を知ることができるという科学的手法を見つけ出したところです。ですから今ここでやっている科学は、「意識の科学」と言ってもいいものでしょう。

ですからこれまでの話の全てにおいて、すでに一定的な解を記述してきています。それらはこの非物質科学の生み出したものです。従って、ここに起点を置くことによってヒトの本質について語ることができそうです。

そういうことで、ここまでを振り返って、一定的な解となっているものについて、以下に整理してみます。

①ヒトは、意識現象を起こしている。コトバを口にすることで、脳に実感が生まれ、このコトバと実感はそのまま意味というものになっている。意味の創成である。
②意識現象は、個の脳ごとに起こっているもので、他とは無関係である。主観世界が生まれている。
③認識するとは、意味世界を知ることである。意味世界は、そのまま認識世界である。
④ヒトの脳は、特殊な脳である。動物の脳とは全く別世界を生み出している。その脳作動において特殊である。
⑤ヒトは、もはや群れることはできない。必ず集団形成を迫られる。その集団化は、強制性を持っている。
⑥ヒトは、自然の一部としての存在でもある。すなわち何らの人為的な影響は受けない。このことは、保証されている。ヒトの持つ自然性である。

以上六つが、基本的なものだと言えます。こうしてまとめてみると、明らかにヒトだけに起こっている現象であることが分かります。この現象がヒトに起こっているという事実は、ヒトである限り否定できないはずです。ということは、このことを、〝科学的事実〟としてもよいということになります。これ自体、一定的な解になっているということです。

この事実こそヒトの本質としていいものだと言えるでしょう。ですからこれらは、ヒト世界の存在原理の基本をなすものであることを示しています。これらは、正にヒトの〝基本原理〟と言えるものです。

これらの基本原理も、非物質科学と同様、当然創成されたものであることを強調しておきたいと思います。

従って、ここを出発点とすれば、ヒトの本質を示しているさらなる原理群の存在に迫ることができるでしょう。

一言付け加えておかなければなりません。

これら基本原理や非物質科学は、あくまで創成です。ここにあっただけです。この時の〝ここ〟とは自然ということでしょう。さらにこの自然とは、ヒトにある自然すなわち人為ではないものとしてヒトにある〝自然性〟というものなのです。

では早速、この原理群の探索に出かけましょう。

とは言いましたが、ヒトの本質を言い当てる作業なのですから、項を改めて（第7章で）取り組むこととしたいと思います。しばらくお待ちいただきます。

2　コトバの起源は人類の起源

さて、これまで述べてきたように、ヒトはコトバを手にして、これを道具とすることで、意識現象と認識現象を自分の脳内で起こすようになりました。このことは、それ以前の動物時代との決別を意味しているものだということは、明らかなことです。このヒト直前の動物のことを「ヒト前動物」と呼ぶことにします。

このヒト前動物が、コトバを手にしたその時こそが、ヒトの元であるホモ・サピエンスに変化した、正にその時なのだということを教えてくれています。コトバの発生こそが人類変化の決定的な要因となっているものと言えるのです。こう断定して間違いないでしょう。コトバの起源が、正にホモ・サピエンスの出現の時だということです。

このホモ・サピエンスの出現については、今のところ、科学的事実としての根拠をもって語られることがないのが現状だと思います。それは、直立二足歩行にあるとか言語にあるとかいろいろな言われ方がなされるのですが、しかしその根拠は指摘できないでいるのも現状でしょう。

もともと古人類学という世界にも興味を持っていたこともあって、私は、このようなコトバの機能に初めて気づいた時に、真っ先に思い浮かべたことは、このコトバから、人類の起源について想いをはせることができるぞということでした。ヒトはどのようにコトバを手にして動物からヒトへと変化していったのかということに強く興味を惹かれたのです。

この〝コトバの起源〟は、ＤＮＡ研究とともに人類史研究にとって、科学的な道具とすることが可能になるということを確信させるものだと思います。そういうことで、これまで記してきた認識世界から離れて、ヒト前動物からのホモ・サピエンスへの変化がどのように進んだのかを私なりに想像してみました。

先ずは自然変化とはどういうものかを確認しておきたいと思います。曰く〝自然選択〟とか〝適者生存〟などのコトバが普通に使われていますが、私はどちらもあまり好きではありません。それは、これらには〝何故〟の意味が入り込んでいるからです。自然を語るのにこの〝何故〟はふさわしくなく、〝どのように〟ということだけがあるのだと思うからです。たまたま、ある変化が起こって、それが定着していく過程がただあるだけなのです。このことを強く思いながら妄想してみました。

２－１　人類が発した最初のコトバを探して

ヒト前動物などと面倒なことは言わないで、ここは簡単に人類としましょう。

これまで見てきたように、コトバの起源は、正に人類の起源にそのままなっていました。そこで、人類起源になった〝コトバ〟を頼りにして、このコトバの発生状況を探ることで、人類がどんなコトバを最初に発するようになったのかを想像してみようということです。

先ず、コトバにまつわる私の体験についてご紹介してみようと思います。

私には孫がいると言いました。その男の子の家族とあるショッピングセンターに出かけた時のことです。その中の一角にあるペットショップにやってきました。私はあまり好きではないので、店先で時間を過ごしていました。すると店の奥の方で明らかに幼児の声で、あたかも〝あー、何て可愛いの〟と叫んだような音声が聞こえてきました。それはアー音声だけのものなのに、明らかにそう言っているように聞こえたものですから、いったいどんな子がそんな声を発しているものなのか確かめようと、店の中へ入っていったのです。そうしたところ、その声は、私の孫からのものだったということが分かりました。そこには、生まれたばかりの仔犬たちが、ケージの中を動き回っていました。孫が生まれて11ヶ月くらいの時のことです。

また別の18ヶ月くらいの話です。その頃彼は保育園へ行くようになっていて、その送り迎えを何度かしており、帰りがけに、近くの海岸の砂浜で、度々遊んで帰るのが日課のようになっていました。ある日のこと、景色が、異様に変わった様をしていたのです。夕方で、ちょうど夕日も山並みに入った直後くらいの時です。海の上には黒く厚い雲が覆いかぶさっていて、波間には大きな白波が立っています。暗い海の上のその白波は、異様にその白さを見せていました。海の上の黒い雲は頭上にまで続いていましたが、直上だけは切れ間があって青黒い群青色の空がぽっかり穴を空けて山並みまで広がっています。さらに、今正に太陽が山に沈み込んだばかりで、その後ろの空を真っ赤に染め上げているのです。砂浜を前にして堤防があります。その堤防を越えるための階段があって、砂遊びを終えた二人は、そこに並んで座って海の方に目をやっていました。するとその時、彼がやおら声を発したのです。白波に指を向けて〝アー〟と。次いで海の上の厚い黒い雲に指をさして〝アー〟と。次には真上の群青色の空にも指をさしてまたまた〝アー〟と。最後には西の真っ赤な残光に指をさして〝アー〟と。一瞬私はあっけにとられて〝オー〟と、ただ納得するばかりだったのです。後から思えば、持っていた〝ガラ携〟ででも、その風景を写真に撮っておくべきだったと思うばかりでした。その時は、そんなことを考える余裕もないほどに驚いてばかりでした。まあしかし、その光景は、私の手で拙い絵にはしておきましたが。

その頃の私は、いわゆる〝言葉〟にばかり注意が向いていたものですから、このことをどのように解釈すればいいのかなど、その時全く思いも及んでいませんでした。しかしいろいろ研究も進んだ今ではこれこそが、アー音のみで意味というものを捉えている現象が起こっているのだということを確信するものとなっています。

つまり意識現象を起こすのは、このアー音声で充分なのです。

自然変化というものには、使い回し変化というものがあるのだと言われます。すなわち前の生物が持っていた機能が、次の生物に変化する時にそれを別の機能へと使われていくということですが、このアー音声なら動物も普通に発しているものですし、動物からヒトへ変化する時に、これらが使い回されていると考えること自体、自然なことだということが分かります。

コトバの元となっているものに思いをはせる時、動物の発している音声に目が向かうのは自然なことでしょう。コトバというものは、何も具体的なものでなくても、アーとかウーとかといった単なる音声だけで、コトバの機能としてある程度果たせることは、現在のヒト世界でもよく見られることです。ですからヒト前動物とて、他の動物のように音声を普通に発していたことでしょうから、この音声を使い回してコトバへと変化していったと考えればいいことだと思います。この音声に身振り、手ぶりを加えては、アーだ、コーだと注文を付けることとくらい、今のヒトもどこかでやっていそうです。動物を見ていれば分かるように、アーウー音はよく発しています。鳥などは鳴き合わせと言って、いかにも話し合っているかのようにピーチクパーチク鳴いています。こんなことから動物が普通に発しているアーウー音を、ヒト前動物も当然発していたことでしょうし、まあ、鳥くらいまでは結構できていたと考えるのは自然です。直立二足歩行動物には、立派な手・指があるのですから、音声にプラスすればこれくらいは朝飯前であったことでしょう。

このようにコトバの起源について想像してみるだけで、〝アー気持ちがいい〟というコトバというものには、アー音声に続いて生まれる〝いー〟という〝感情〟につながるものと、〝気持ちが〟という〝思考〟につながるものとしての意味がその中心をなしているということも容易に想像できてしまいます。

そういうことでコトバの世界というものは、これら感情と思考という二つの要素でできているものだとも言えてしまうものでもあることも分かります。動物とヒトとを分けるのは、唯一このコトバとしてのもののみです。他のいかなる点においても、動物とヒトとは全く同じと考えてもいいほどに、このコトバの有無は重要な要素となっていることだということです。すなわちコトバの起源はそのままヒト・人類の起源となっているものだということです。

ヒトへの変化を考える上で、これまではコトバの重要性が、科学的根拠をもって語られることは決してありませんでした。何となく〝言葉〟なのではないのかという程度でしかなかったことでしょう。さらには動物とヒトとを未だに明確に分けられていないことと合わせて、このヒトへの変化をたどる上での根拠を見出せていなかったことに改めて気づくと思います。

コトバの有無のみで動物とヒトとを分けるという私のこの考え方には、一見根拠として薄いという思いを持つ方もいらっしゃるとは思いますが、コトバは意味をこそ生んでいるという事実からすれば、このことは真に重要な要素であるものと、ご理解いただけると確信します。

このようにコトバを起点に据えることで、誰もがヒトの誕生について想像を巡らすことが可能となります。

ではコトバを道具とする意識現象や認識現象は、どのように生まれたものかについて想像を巡らしてみましょう。

変化を起こすには、内的、外的において何らかの〝変化圧〟というものがあったであろうと、私は先ず考えました。この変化圧は、外的環境にあったのは当然のこととして、一方ヒトの場合には、自身の脳の中、すなわち内的環境にも何らかの変化圧があったはずだと考えることが自然だと思います。

一般的に、動物の変化というものは単純なものであって、外的環境の変化にのみ合わせて、自身の身体を変化させているだけだと考えていいことでしょう。それにつれて脳も、それに準じたものに変化すればいいだけです。しかしヒトの場合、コトバを生み出させるためには、この機能を持った脳に変化しなければならないわけですから、外界からあれこれ変化圧を受ける必要があることは普通の動物と同じで当然ですが、しかしヒトへの変化においてはその上に、さらに自分の脳に自分で直接変化を起こしてやらない限りそんな脳が生まれようもないという構図になっているということです。自分の頭の中で、自ら起こす〝人為的〟な変化圧がなければならないものであって、自然だけでは、それは起こることのない変化だったということです。

そういうことで、このような変化方法を「自己脳自己変化」と呼ぶことにします。要するに自分の脳に自分で変化を起こさなければ意識現象や認識現象など生まれようもないということなのです。正にこれは、人為的変化だったと言えます。これこそ内的な変化圧が必要だという理由なのです。

変化圧を考える最初の手がかりとして本能を考える必要があるでしょう。動物本能はその重要性の順に記せば、恐・食・生殖・群・動ということになろうかと思います。

本能のうち最強のものは「恐」ということで捕食者から逃れることが第一義となっているものです。動物行動学からもそう言われているようです。他のものについては当然と言えるものばかりで、恐だけは〝自ら〟克服すべきものとしてのものです。すなわち人為が必要だということです。

ヒト前動物とて大型動物によって捕食されるという状況下にあったと考えるのが自然です。ヒト化に向かうために、この克服が起こったものと考えたいのです。何故かと言えば、動物には、〝安心〟というものはないのだと言えるからです。安心は、本能にはなり得ません。それが、あるように見えるのは、恐のない一時的な状態なだけだと考えればいいことです。積極的な安心というものはないのが動物世界だということです。動物には意味など生まれていないのですから当然です。

しかしヒト前動物には、恐克服が起こりました。〝安心〟を自ら手にしたのです。ですからこの恐克服がどのように達成されたかが問われるわけです。たまたま直立二足歩行をしてしまった動物が、何度も絶滅を繰り返し、何とかヒト直前の動物すなわちヒト前動物までやって来ました。しかしこの間には、この生存には不利な姿を、逆に有利なものへと変化させてきたものがあったはずでしょう。それこそが、両手とそれらにある指だと言えると思います。これらは正に強力な〝道具〟となっていたはずなのです。

そもそも動物というものは、種に応じたセンサーを持って外的環境と反応して生きています。このセンサーとは、一種の道具です。この道具を持つことで種の繁栄は保証されているのだと言えます。〝道具〟は動物の生命線としてのものです。

ヒト前動物の手・指は、その頃には高度に発達していて、道具として他の動物では遠く及ばないものになっていたことと考えられます。それでも普通の動物を見てみて分かるように、実にうまくリーダーが現れたり、見事に巣作りしたり、食べ物を隠したり、捕食者の出現を知らせ合ったり、簡単な道具を使ったりといろいろと感心させられるものが多々あります。いとも簡単に行っているわけです。ヒト前動物の行動能力というものも、現代人とまでは言わないまでも、他の動物と比べたら、それは相当なところまでできていたであろうことは容易に想像できます。

ここでちょっと大事な点に触れておかなければなりません。コトバを手にする時の脳の変化方法は、自己脳自己変化であると言いました。ということは、普通の動物におけるような身体の変化はなくてもよいのだということに気づくのです。自分の脳の中を自分で変化させるのですから、特にそのための身体的変化は必要のないことでしょう。このようにコトバ獲得変化は、静かな変化だったと言えるでしょう。

身体自体は、ほぼ完成の域に入っていたことで、火を扱うなど当然で、群れ行動なども高度であったことでしょう。さらに衣・食・住というものがヒト前動物にとってもやはり重要であることは当然であろうし、家づくりなども上手で、決して洞窟ばかりに住んでいたわけではないでしょう。食料獲得や保存も安定的に行えるようになり、いよいよ〝恐克服〟に向かうことになります。恐のない状態を自らが作り出すようになるわけです。すなわち安心の獲得です。この〝安心〟こそが、内的な変化圧としての最大のものであったと考えるものです。

さらに直立二足歩行における最大の難点は、出産・子育てであろうことは容易に想像できます。しかしヒト前動物はこれをも克服しつつあったことでしょう。群れによる子育てや、一夫一婦制も始まっていたかもしれません。これらも恐のない積極的な外的環境があってのことだと言えます。出産・子育てに関わる外的環境、内的環境も大きく変化していたのです。

ここまで来て、やっとコトバを手にする時を迎えることができました。この時、親子の間に、これまでにない全く新しい関係が起こりました。産み落とした母親が、我が子に対面して〝アー〟と声を発したのです。動物時代の〝音声〟が、〝声〟に変わった瞬間です。自ら手にした究極の安心と平和の中でこそ手にできた〝声〟だったのです。この声に続いて〝あー、かわいい！〟とコトバが生まれました。

これが、私が考えた、ヒト・人類の発した最初のコトバでした。これこそがコトバの起源です。

追記しておきます。高名な学者・研究者たちが〝言語の起源〟として、いろいろと述べていることについて記してみましょう。次のようなものです。

1　神が作り出したもの。（　　）

2　例えば、食塩は、塩素とナトリウムの組み合わせによってできる。どちらの元素も食塩に似たものは全くないのに二つを組み合わせると食塩になる。このように全く予想外の新しい属性が生まれるのなら、1000億個の神経細胞が脳にあるのだから、ひょっとしたら言語はこうして生まれた一つの属性なのかもしれない。（　）

3　コミュニケーションのために生まれた。（　）

4　思考するために生まれた。より一般的なメカニズムが、のちに特定の機能に使用されるようになったと考える考え方ができる。言語は、世界を心的に表象する。より高度な方法やその表象の中に自分自身を表象する方法を私たちの祖先に与えたシステムに根ざしている。のちになって、そのシステムがコミュニケーションの手段として転用もしくは拡張された。思考は世界に対処する上で明らかに有用であるから、先ず思考が進化してそれに続いてコミュニケーションも流用されていったもの。（　）

5　言語は本能であり、くしゃみ、いびき、あくびなどと同じように人間の本性に深く根ざすものだ。言語は、高度に特化した脳のメカニズムであり、人間に特有の適応をして、特にコミュニケーションのために通常の自然選択を通して進化したもの。（　）

この（　）の中には高名な学者・研究者の名前が入ります。これらの言説は、明らかに彼らの〝言葉〟です。果たしてこういうことでしょうか？　いえ、全く違うものだと考えます。読者の皆さんには、もうすでにお分かりだと思います。もうこういう言説には惑わされる必要はなくなりました。

2－2　人類史に見る人類の発生

前の項では、人類の〝誕生〟をコトバの起源から見てきました。本項では人類史の視点からこれを探ってみようとするものです。これとて私の妄想でしかないのですが、前で述べましたように、私が、コトバが意識を生む道具となっていることを知った時、先ず頭に浮かんだのが、この人類の発生についての興味だったのですから、やはりこの妄想を止めることはもはやできません。

現在の人類史において最大の不思議となっていることとして、ヒト前動物に至る前の猿人たちが全て絶滅してしまったのに、ホモ・サピエンスだけが残ったのは何故なのかという謎があります。果たしてここにも〝何故〟が出てくるのですが、やはりこの何故をやめてどのようにと考えることで、その謎を解く道が見えてくるのではないでしょうか。

ホモ・サピエンスが残ったということは、ヒト前動物が残ったということです。直立二足歩行には、生物的弱さがあったのではないかと考えてみてもよいのではないでしょうか。そもそもこの生態的特徴は、いくらチンパンジーと分岐を同じくしているとしても、かなり不利なもののように思えます。いきなり二足で立ったわけではないにしても、それまでの四つ足動物からすれば都合の悪い体形です。もしかしてチンパンジーからの分岐だとすれば、木の上で見せるチンパンジーの立ち姿から想像できる二足立ちを、地上に下りてもやっているうちに、だんだんと直立二足歩行を発展させることができるようになったものとも考えられるでしょう。しかしこの生態的特徴は、やはり出産、子育てには最大の難が潜んでいるものと考えられます。普通の動物なら生まれてすぐに立って歩きますが、二足歩行ではそんなわけにはいきません。

また生物には、種ごとに、生存する一定的個体数というものがあります。それは、その生存勢力を表現しています。一つの生物種が生存するためには、一定の個体数が維持されなければなりません。猿人たちが絶滅するのは、この個体数維持ができなかったことによるものと考えるのが自然でしょう。それほどに直立二足歩行は、生存には無理のある姿かたちだったのだと思います。想像できますね。

しかしこのことも、その当時の環境にあってはということでしょう。何とか生き延びてきた最後の猿人すなわちヒト前動物が、ついにたまたまコトバを手にしてホモ・サピエンスに変化したというただそれだけのことでしょう。このヒト前動物の脳には、それまでとは違うものへの変化が起こっていたのだと考えることで充分です。それは、前項でも述べたように両手・指の道具としての発達が進んできたことに伴う脳の発達があったのです。それにつれての脳のわずかずつの変化も起こっているはずです。このことによって、たまたま個体数維持ができていたのでしょう。

人類研究で一番議論されることに脳の大きさというものがあります。小さいとダメで、大きいとよいなどとは誰も言いませんが、しかし脳は、だんだんと大きくなっているということで何かよいことへつながっているのではといったニュアンスが強くあります。何かよいこととは、やはり〝言葉〟とか〝意識〟のような何か〝人間〟に通じる何らかといった期待のようなものが込められています。言外に明らかにそう言っているように私には見えます。そもそも象の脳なんかは非常に大きいし、ネズミのものなど全く小さいわけで、しかしその機能には何らの違いもないことでこの大きさ論にはいつも違和感を覚えるばかりです。私の考える脳のわずかな変化とは、この脳の大きさなどではなく、脳の中の環境とでも呼べばいいのか、そういったわずかな変化のことを言っているつもりです。内的環境ということです。それは、恐のない内的状況から、積極的な安心情動という内的環境の整備が進んでいたであろうというところにこそあると考えるものです。同時にＤＮＡ変化なども起こしているのでしょう。コトバを手にする前の準備とでも言えるものかもしれません。

前の項で述べたように、ヒト前動物のまだコトバとしてのもののない時期の行動能力は、現代人にごく近いものであったと考えていいのではないかと記しました。それにプラスされるものは、もうコトバだけなのですから、ある意味当然のことだと言えます。それ程に強力な武器となったものは、やはり両手、両指の道具としての発達が、外的環境の整備ということに対して何よりも有利に働いたということでしょう。

このわずかな内的変化を起こしたからには、アーウー音声ばかりでなく、本来のコトバとしての発声の仕方も手にしていかなければなりません。そのためには、コトバにするための、口やのどの身体的変化を起こしたり、聞き取りのための耳の身体構造などを継続的に変化させていったりすることも当然必要になります。こういう変化と合わせることで始めて、コトバに近い音声を増やしていくことが可能となるわけです。

こうやって、たった一人のホモサピエンスが現れた後は、これを遺伝的に変化したものが増えるのを待つばかりです。親から始まって子へ、この子が親になってはそのまた子へと増えていくわけです。そうして遺伝子定着するまでには途方もない時間を要しました。そうした結果、幸か不幸かヒトなる現代人は、コトバをもってここにいるのです。

3　心って何だ

心というテーマは、意識と同じく脳科学が、未だ説明できないでいるものです。心は、やはり物ではないもの、すなわち非物質としてのものだということは、皆さんはもう理解されています。ですからこのことについても、私の自由研究によれば、意識同様に一気に解明できるものです。ここまで読み進めてきてくださった皆さんにとっては、心とは意識世界そのもの、すなわち〝意味世界〟のことではないのかと薄々お気づきかもしれません。そうです、正にそういうことです。この〝意味世界〟こそが〝心〟の世界としてのものだったということです。

この意味世界は、二つの方向から見ることができるものでもあります。

一つは、コトバの起源から見えてくるものです。これには感情世界と思考世界の二つがありました。もう一つは、意識現象から直接見えてくるものです。それには非物質意味世界と物質意味世界の二つがありました。以上を整理してみます。次のようになります。

A　コトバの起源から見えてくるもの
　a　感情世界
　b　思考世界
B　意識現象から見えてくるもの
　c　非物質意味世界
（d　物質意味世界）

ここで、dの物質意味世界をカッコでくくっています。d世界もその初めは、そもそもヒトの頭に浮かんでいるものですから非物質のものであって、それが変容してd世界になっているものです。そういう広義の意義においては心としてもいいのですが、しかしまだ一般的ではありませんから、このd世界は、今は心からは除いておいていいでしょう。そういうことでカッコ書きにしています。

従って心とは、a、b、c三つの世界のことを言います（イメージ図3）。

ヒトは、コトバを道具として意識現象を起こし、実感とともに意味を紡ぐようになった動物でした。そうして生まれた〝意味世界〟が、そのまま〝心の世界〟となっているというだけのことです。今私たちがやっている、非物質科学を通した事実として心を語れば、たったこれだ

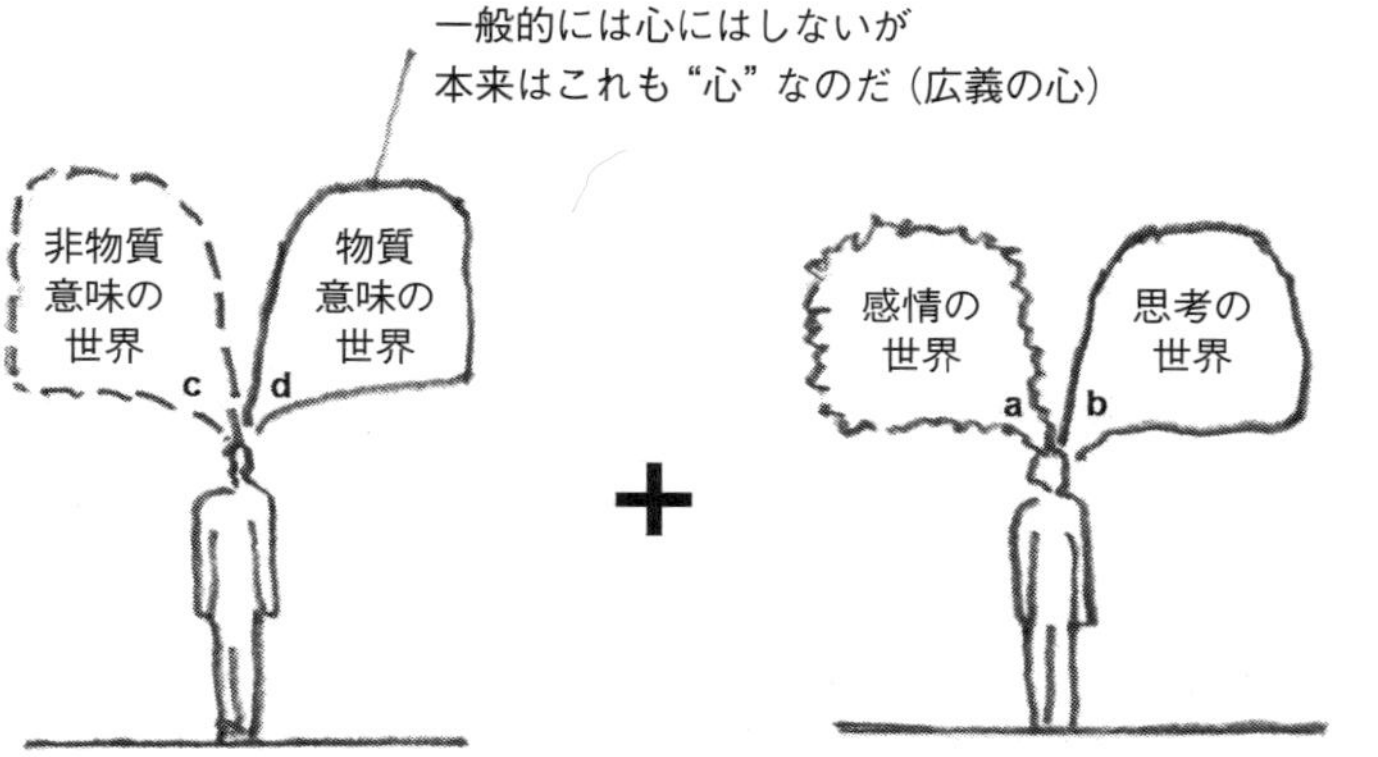

B　意識現象から見えてくる心の世界　　A　コトバの起源から見えてくる心の世界

◉イメージ図3（心って何だ）

けで終えることができます。これ以外の難しい議論など、ここでは全く必要ありません。

さあ、こんなに簡単に心が分かってしまいました。何か物足りませんか。しかしこれらの意味世界が紡ぎ出す精神世界こそが〝心〟なのです。このことは非物質科学的事実として記述されていることにもお気づきでしょうか。くどいようですが、再再記してみます。

意識現象がヒトに起こっていて、そこから意味が生まれているということは、非物質科学的事実です。この意味世界を心世界としたのですから、心がそこにあることも、非物質科学的事実としてのものだということになるわけです。こうして心の存在が、ヒトにあることが、やっと非物質科学的事実として言えたことになります。この非物質科学とは、従来の科学でもいいし、私たちの非物質科学でもどちらでもいいことです。ここでは、あえて非物質科学としているだけです。どちらも科学としての〝一定的な解〟があるということです。

さて、前記した意味世界A、Bについてはすでに述べていますが、再確認の意味も込めて、さらに見ていきたいと思います。そうすることで意味世界すなわち心の世界がより明確に見えてくることでしょう。

A世界について　～コトバの起源から見えてくる心の世界～

コトバは、意味を生み出すための道具としての物でした。さらにこのことによってコトバは積極的に意味を紡いでいくという特性も併せ持ちます。そんな言葉の起源を知ろうとした時に見えたものがありました。それは、感情（a）と思考（b）の二つの世界があるという捉え方でした。これらa、bの世界から見える心とは、この感情と思考を紡いで織り上げられる精神世界のことだと言うことができます。この考え方は、一般的なものかもしれません。しかしここでもやはり感情とか思考というものが物ではないということで、心の非物質性を感じます。だから何か不思議なのです。でもこの非物質性を感じていただけるのは、私にとってはうれしいことです。生まれているこの〝非物質の実感〟こそが、本書を科学書にしてくれる源になっているものなのですから。

B世界について　～意識現象から見えてくる心の世界～

ここにもやはり二つの世界があります。非物質意味世界（c）と、物質意味世界（d）です。cは文系、dは理系という、それぞれ違う特性を持って存在する世界です。一般的に心と言われてきたものは、このc世界のことだったと言えます。すなわち哲学、文学、心理学等々といったあらゆる非物質世界の全てがこの心の世界だということになります。d世界は、前述したように一般的には、心にはしない世界だということでカッコにしておきました。

ヒトがコトバによって意味を知るようになって以来ずっと非物質意味世界（c）を生きていることになります。さらにこの世界は、ヒトが生み出しているものだということで、人為世界でもありました。これらの意味を紡いでいくことそのものがヒトの心の行動になっているということです。

つまり心はこういう風にありました。ようするにヒトが、思ったり、考えたり、議論したり、本を読んだり書いたりとあらゆるものが、心の行動なのだということです。身体行動以外は、全てにおいて心の行動なのです。ヒトが、身体行動と心行動の二つをしているのに対して動物はと言えば、身体行動だけしかしていません。ここでも動物とヒトは、全く違うものだということがさらに分かります。

このように心というものをA、B二つの世界から見てみることで、その実態を知ることができました。

さてここで、これが心としてのものだという典型的な一例を挙げてみることにしましょう。それこそがいわゆる「神」という存在です。

様々な神というものが、国を問わず世界中に存在しています。認識していないというヒトは先ずいないと思います。しかしこの神が、現実世界にあると思っているヒトなど先ずいないでしょう。しかしあると言えばあるし、ないといえばないものです。誰にもあるはずだと言えば、この方が強い実感です。そうです。この実感世界にこそあるのが神です。

この実感世界の神は、そもそも非物質のものです。この神というものを現実世界に連れ出すことなどできないのですから、非物質から物質への変容を起こすことなどできないものです。従って神は、非物質世界に留まっています。この非物質意味世界とは心の世界でした。ということは、神は心の世界にあるということになります。すなわち形而上的存在とは全てこのような存在の仕方をしているものです。つまり、神はいるのかいないのかと問うのではなく、あなたの「心」に神はいるのかいないのかを問えばよいことです。こういう世界が心の世界なのです。

今私は、神を物質に変容させることなどできないと言ったばかりですが、しかし、実はそれは、可能なことでもあります。

それは、「人間神」という〝物〟に変容させることです。いわゆる〝宗教指導者〟または〝宗教集団のリーダー〟がそれに当たるものです。とは言えこれは、いわゆる科学世界への変容とは少し意味合いが違いますが、こういう変容もあるのです。ヒトは、ヒト自身に非物質部分と物質部分を併せ持っているのも現実だからです。それ故に矛盾物となっているのですから。正に人為のものです。

宗教は、本来非物質のものだったのに、こうして物質化しているのも現実なのです。

さらに指摘出来る、心の持つもう一面についても見ておきましょう。

本来心は個の内にあるものです。しかしそれは表明されるものでもあることで、外に出てくるものでもあります。それらに〝内心〟〝外心〟というコトバを当てることが実はできるのです。私の造語です。例えば、ある心情を吐露する時、それを〝共感〟されるやり方と〝共有〟

されるやり方の二つの方法があって、そのいずれかになっているということです。前者が内心で後者が外心ということです。

内心は、あくまで非物質のままです。それは共感の世界にあります。しかし外心は、事実上物質に変容しています。ですから共有されるものとなっています。すぐ前で記したように科学に変容する順変容と形は同じでもその意義を異にする変容です。物化した心は共有物となって、集団の中で利用可能な物となってしまいます。

内心のままにある心情は、そこには答えがない世界のままの状態にあります。しかし外心となった心情は、何かしらの答えという物としてのそれになってしまっています。しかしこの答えのような物は、あくまで個々にある非物質世界すなわち屁理屈世界のものでしかないものです。答えではないものが答えの顔をしてそこにあるのです。

このように変容した外心というものは、集団リーダーが答えとして利用可能な物と化したものとなってしまうのです。この心情を信仰と置き換えても何ら変わらない理屈です。

この他に、具体的な物になっているものとして指摘できると言えば、お守りとかお札とか建築物までもがそういうものになっているのだと言えますね。これは脇道の話でしょうか。

宗教集団に限らず、あらゆる集団に同じく存在している現象です。

集団どうしがぶつかり合う原理もここにあります。宗教については別項で論じています。

心とは、あくまでも非物質世界の全てを、そう言うわけですから、本来a、b、c、d全ての世界のことを指すものと考えてよいものでしょう。これは、原理的な捉え方であって、広義の心ということになると思います。ヒトの認識世界という興味深い世界があるということです。

4　脳って何だ

自然にあった脳は、そもそもごく単純なものでした。未だに動物脳は、ロボットのプログラムのようなもので、やっていることは、単にその身体行動を制御しているだけという解決マシーンにすぎないものです。

ところが、一旦、ヒト脳になった途端に、意味などという非物質を生み出すようになってしまったが故に、これほどまでに複雑なものへとなってしまいました。しかもこんな変なものを生むために、わざわざ自分の脳を、自ら改変までしているのです。自己脳自己変化です。

この変化は実に大きなもので、この変化の前までは、単なる生物の一種にすぎなかったものが、いきなり〝ヒト〟なるヒトとしての〝生き物〟に変化しました。それ以降やることなすこと全部が、〝人為〟のこととなってしまうわけです。すなわち、ヒトの生み出し続ける非物質世界は、全てこの人為の世界となっているものです。自己脳自己変化などは、この人為の究極とも言えるものでしょう。

一方でヒトは、野生をも求めています。自ら手にした脳であるくせに、この脳の生む人為に取りつかれていることには、ある意味、辟易もしているもの。だからこそ、そんなもののない自然の野生へと、強く向かうものでもあろうということでしょう。

あれもこれも全て、〝脳〟にこそ、その源はあるということです。

さて、脳機能というものを捉えようとする時、これまでの物を扱う脳科学で見てみると、脳には、ありとあらゆる機能が、いちいち脳の各部位に事細かに設定されていて、全体が統一されているようです。こういう理解でよいと思います。

脳には必ず、行動終点があるはずだと言いました。ですからこの〝停止するという機能〟も、一つだけなどと言わずに、あらゆる行動に対応して無数と言っていいほどに部位として持っていると考えていいのではないでしょうか。それらはどこかの場所にあって、それを脳内化学物質によって微妙に制御しているのが脳だということになります。

この考え方こそが、私の自由研究での〝肝〟となる点でもあると自分では思っているのですが、現在の脳科学においてこの部位が確認されたという話はまだ、見たことも聞いたこともありません。残念なことです。

何故かと言えば、それは、動物では満足終点、ヒトにあっては欲望終点という最も大きな、原理的な違いとなっていて、この終点の違いこそが動物とヒトを分ける最も大きな原理的な根

- 脳とは、行動を制御するもの
- 動物では動物行動　ヒトではヒト行動を
- 脳には行動を止める終点機能がある

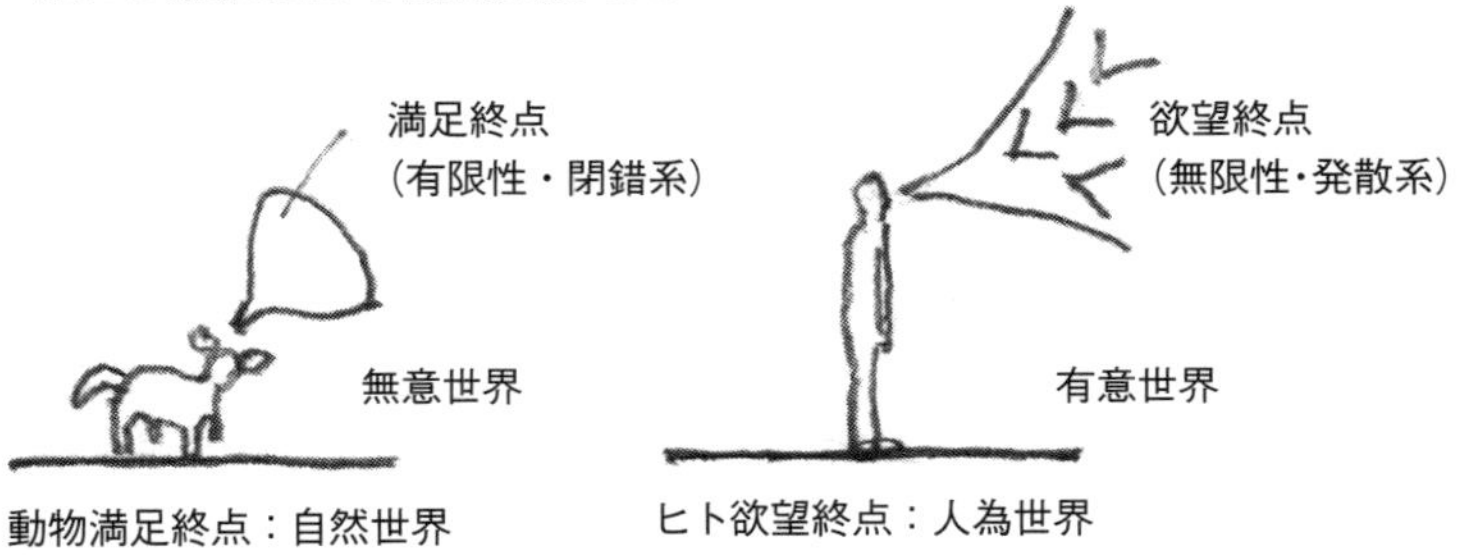

◉ イメージ図４（終点）

拠となっているのですから。
　脳に違いがあるからこそ、動物は動物として、ヒトはヒトとして生きているものでしょう（イメージ図４）。

　この後、これらの脳の違いについて、考えを述べていくことにしましょう。

４－１　動物脳の世界

　動物には、ヒトにあるようなコトバはないのだということを明確にしておかなければなりません。と言ってもこれを確認する方法は、実はありません。動物がコトバを持って意味を生み出しているのかどうかは、動物に聞いてみるしか確かめる方法がないからです。さて、動物は答えてくれるでしょうか。

いいえ、そんなことは絶対にありません。この私の自由研究では、このことを結論としてしまいます。すなわち、動物には意識現象は起きていません。誰が何と言おうと動物に意味が生まれているなど決してないことです。私のように専門家でないことが、最も話を効果的に進めることができて、便利な時もあることをお許しください。専門家になると、どうもなさそうだ、いやないとも言えない、誰ながあると言えばそういう風にも見えるし、と、こんなことを古代ギリシャ時代から今まで誰も結論を出せないできてしまっているのだと思います。これでは脳科学の存在意義など全くないことになってしまいます。私は断定してしまいます。動物が、意味を生み出したら〝人間〟になってしまいます。

動物は、単に〝反応〟することでその生命活動を成立させているのだと考えればいいことです。動物行動は全て、この「反応」によって説明がついてしまいます。これこそが、自然脳というもののあり方です。何しろ単純なのです。

前にも記しましたが、テレビにおいて、小鳥の世界にも「言葉」があるのだといった研究のあることが放送されていました。敵が来たとか、食べ物があるだとか、危険だから逃げるだとか〝言葉〟で会話をしているのだとする研究だそうです。ではいったいこれらの「言葉」が「コトバ」であるとどう証明できるのでしょうか。鳥に聞いてみるしかないのですが、決してすぐに答えてはくれません。これは、鳥同士が互いに〝反応〟し合っているのだと考えれば、理解できてしまうことです。さらにイルカなどは、生息地域の違いに応じた「言葉」まであるとされています。いわゆる方言です。しかしこれでさえ反応で説明がついてしまうことです。コトバなんて全く必要としない世界もあることを、ヒトはなかなか理解しがたいだけなのです。いいえむしろそう思いたくないのでしょうね。

いろいろな生物を取り上げては、そこに知性があるのだとの言説は、数多くあります。粘菌にある知性、イルカ・タコにある知性等々の知性にまつわる話です。これら全てにおいて、反応で説明できてしまうものばかりです。知性の何たるかを知らないからだと思います。コトバという非物質世界を操ることが、知性です。

コトバなどないことこそ、動物が自然でいられることを保証している、とさえ言えることです。コトバなんかが、なまじあったりすれば、ヒトのように自然ではいられないことなど、すぐに分かることです。コトバのない世界こそが、自然だということです。自然は、ごく単純です。

自分にあまりにも当たり前にコトバがあるものだから、鳥にもあるのではないかという思いを捨てきれないでいる、ただそれだけでしょう。ヒトは擬人化に慣れすぎている。だからと言って研究者までこの擬人化をしていては、自然を理解することなど、全くできないことになってしまうと思います。

研究者は、先ずもってコトバの意義、すなわちコトバが「意味」を生んでいるということをしっかり知り、ヒトと動物をしっかり分けることから始めなければならないと思います。1度冷静になって観察してみれば、分かることです。動物行動学においてすっぽり抜け落ちている視点だと言えるのではないでしょうか。そもそも動物脳とヒト脳とが、分けられていないから、そういう誤った理解になってしまうのです。

ヒトは、〝ヒト脳〟によって、ヒトという〝人為物〟になっているのだと述べました。動物は〝動物脳〟であることによって〝自然物〟でいられます。動物の自然性を保証するのが、動物脳における満足終点の存在なのだということもすでに述べました。これがヒトにあっては欲望終点となっているのですから動物とヒトとの間には、それぞれが生きる世界に大きな違いが存在していることを、もはやヒトとして、しっかり知らなければならないことでしょう。

動物たちは単なる反応で応答し合うことで、ヒトのような意志の疎通をさせるなど全く必要とせずに、自らの身の回りの環境に応じて身を処す行動を行っています。コトバなどなくとも、逆にないからこそあれほど豊かに、自然を自然に生きることができているのです。老荘思想の無為自然です。

このように、動物脳は、一種の機械コンピュータと捉えればよいことです。その反応を起こす元になるものが、動物の本能ということになります。この本能というものも非物質としてのものですから、この点が、単なる機械コンピュータと動物脳とを分ける唯一のもので、生命体としてのあり方をしているということです。

脳内にこの本能という〝反応情報〟を入れておく「反応源」があることで、これに応じた反応行動を生んでおり、これはヒトにある〝記憶〟に相当するものだと考えればよいことです。ヒトにある記憶とは何かと言えば、要するにヒトにしかない非物質としての〝意味情報〟を蓄えるものだということです。ですから動物にはこの〝記憶〟はなくて、それに代わる〝反応源〟があると考えるわけです。ヒトと動物とでは、使用する用語そのものが違っている世界だということです。

この反応情報とは、ロボットにおけるデータに相当するものですから、物質情報だというのがその実態です。だから動物脳にはこの反応源としての何らかの脳部位があると考えられるわけです。

この反応源には、主に本能という〝データ〟が入っています。そして例えばペット化できる動物種にあっては、この反応源の改変がある程度可能となっていることで、その動物の行動の様子を改変することができることで、ペットや家畜になっているのだと考えればいいのです。その結果、家畜化や芸を仕込むことなどが可能になっているのです。脳にはこういう柔軟性というものがあるのだということを、脳科学は教えてくれています。このことを脳に「可塑性」

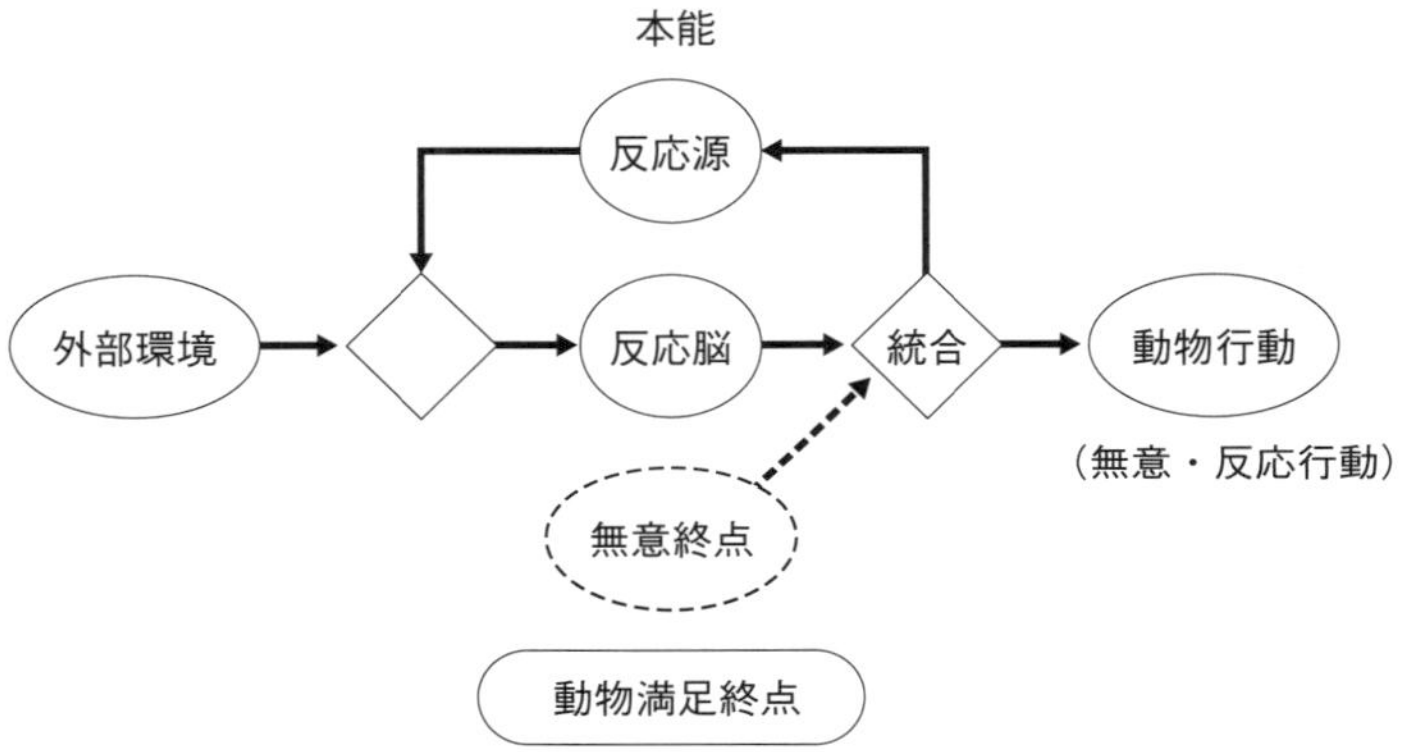

◉ イメージ図４－１（動物脳の世界）

があるというそうです。

このように動物は捕食者に反応し、餌に反応し、主人に反応し、ただただ淡々と自然を生きているだけです。

さて、こんな動物脳の理解を深めるために、反応情報の流れについての基本回路図を描いてみましょう。そうすることで動物脳の本質を見ることができます。次のように描くことができるでしょう。概念図としてのものです（イメージ図４－１）。

図について解説します。

基本的にこの脳回路を流れている情報は、本能を中心とした反応情報という〝衝動〟といったものでしょう。生存衝動とでも言える何かざわざわとした、正に非物質としか言えない動物的衝動ということになります。正に本能です。このような反応信号が動物行動を決めていくわけです。

さてこの脳は、先ず初めに、図の左端に示される〝外的環境〟に反応してその環境情報を受け取り、すぐに〝反応源〟に回され、それがどの本能と関わりがあるのかが〝判定〟され、〝照合〟にかけられて適当であればそれが確認されて〝出力〟としての〝動物行動〟が決まっていく、という流れを表しています。一方向にしか流れない回路内では、次の環境情報に反応するために、それを待ち受けるための信号が常時流れていることになります。そうすることで新しい環境変化に対応しているのです。

この反応源を通るフィードバック（ＦＢ）回路は、反応源は主に本能ですから、動物にあっては本能の数だけあるということになっているはずです。すなわち〝本能プラスα〟だけであることと、その終点が〝満足〟であることの2点から、有限のループ回路であるということになっています。すなわち常に答えが得られているということです。機械コンピュータと同じ動作となって答えが得られていることになります。

以上、動物脳とは基本的に〝反応脳〟であるとする私の考え方に沿って脳回路を概観してみました。

ちなみに、ＦＢ回路について説明しておきましょう。ロボットの動作について見てみます。ロボットを、例えばＡ地点に停止させようとする時を考えます。Ａ地点に近づいてきたロボットは、どこがその地点なのかをセンサーで連続的に測っています。さあＡ地点に来たぞと言った時には、どうしても少しは行きすぎてしまいます。どうしてもその分を戻らなければならなくなってしまいます。ピッタリ止めるためにはこの行ったり来たりを何度かする必要があるのです。それを制御する回路が、このＦＢ回路です。機械を制御する時には必ず必要となるものです。動物にあっては、本能と環境の間が、ピッタリになるように制御しているわけです。

動物脳は、あくまで〝解決マシーン〟です。

4－2　ヒト脳の世界　～知能とは何か～

動物脳の時と同じく、ヒトの脳内を流れる情報の流れ図すなわち基本回路図を描いてみましょう。概念図であることは当然です。

ヒト脳は、動物脳に、コトバを介して意識を生み出す部分がプラスされていると考えればよいだけです。流れている情報は、動物脳の時と同じ無意（意味が生まれていない）の情報と有意（意味が生まれている）の情報の2種類の情報が流れていることになります。それらが処理されているということです。イメージ図４－２のようになります。動物脳の時の図と見比べてみてください。これを見ただけで、動物とヒトとでは全く違うものであることは一目瞭然です。

要するにヒトの脳は動物の脳の上に意識を生み出す部分が乗っかっていることになります。従って、動物脳の無意部分で反応している物事を、意識に上げて、意味を生み出し、この意味（コトバ）行動、すなわち有意行動を行っていると考えればいいことです。

さて、ここで生まれた意味情報はすぐに一旦〝記憶〟され、それと同時に動物脳としての部分すなわち反応脳に到達し、加工された後に、再度〝有意脳〟に投入され、さらにFB回路を経由して加工された後に〝統合〟されて〝終点〟を迎えて〝ヒト行動〟として出力されるということになります。

ヒトの脳の構造は、原理的に、反応脳という Comp.（動物部分）と意識脳という Comp.（ヒト部分）が互いに入り込んだ形で構成されていることになります。これが一種の Comp.in Comp. となっているものです。

本来1台の Comp. の中にもう1台の Comp. を入れて計算させることは、原理的にはできないものです。何故なら、処理情報が回路の中でぐるぐると無限に回り続けてしまうからで、このような状態はいわゆる矛盾状態としてのものであって、情報処理が止まらなくなって、答え

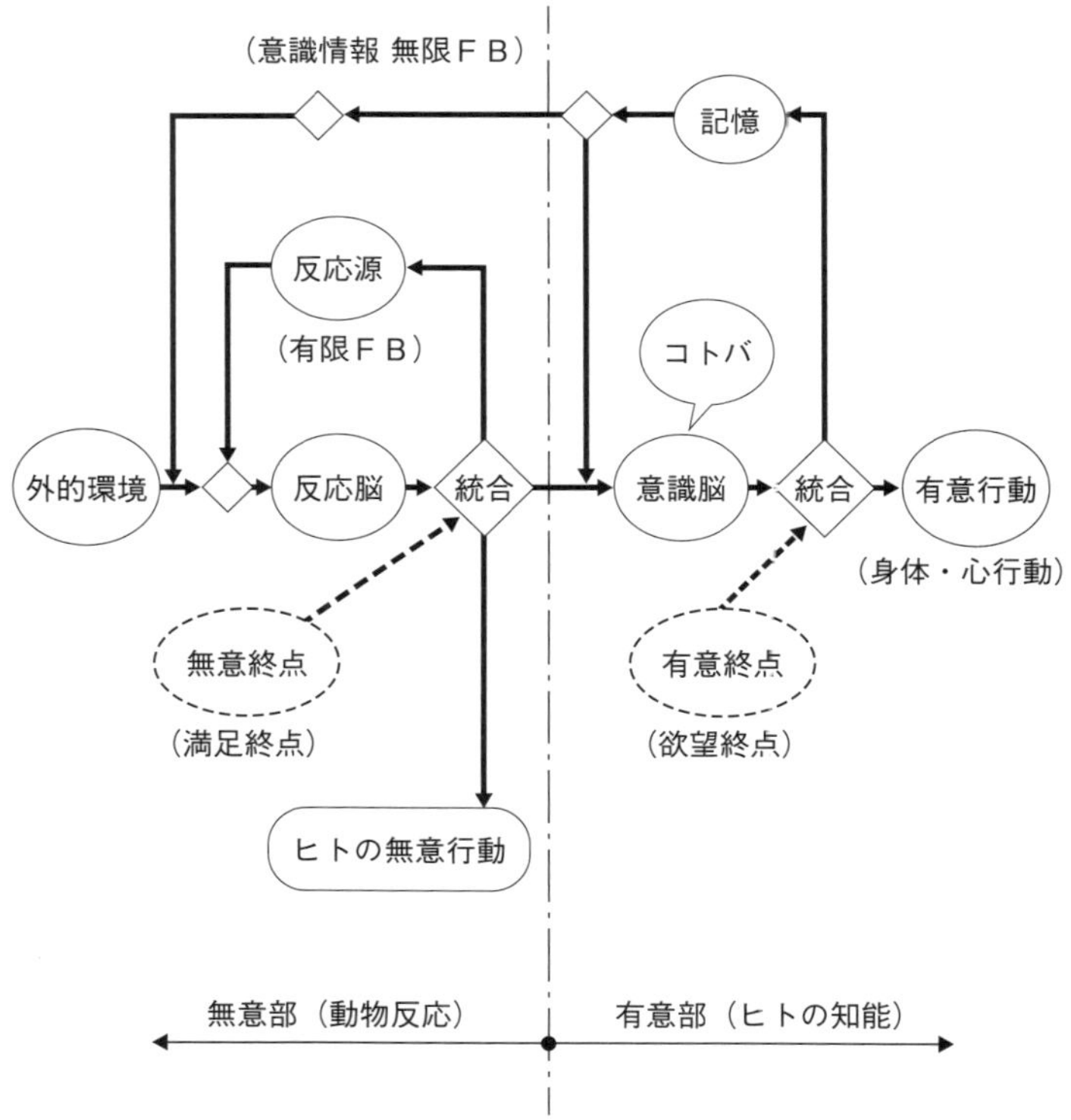

◉ イメージ図４－２（ヒト脳の世界）

が得られなくなってしまうのです。答えが得られないということが矛盾になっていることの証拠と言えるのです。

ヒトの脳は、原理的にこのような〝矛盾脳〟を呈することになっているのです。しかしヒトが、脳によって認識する限り、こういう矛盾を受け入れなければ、その認識を達成することができないという構図になっているという、ある種変な脳であるということになっています。こんな矛盾を受け入れて成立させているヒト脳なのですから、何とも特殊な脳なのです。こんな矛盾も、何とか解消させてしまうという何ともすごいものなのですから。

さて実際の脳では、この回路図とは当然違うもので、実際に回路内を流れる意識情報は、常に第2の外部刺激（内的刺激すなわち人為刺激）となって反応脳の終点（満足終点）を刺激して有意脳の終点（欲望終点）に変化させていると考えられます。しかしこの図ではそのようには描けませんので、あくまで概念図として二つの終点として描いています。このことによっても、ヒトの脳の終点が特殊なものとなっているということが分かるというものです。

実際の脳では、このような回路が無数にあって、その上で多層的且つ超並行的に情報処理をしているという何ともすごいものがヒトの脳だということになるでしょう。

回路図を見ても分かるように、動物部分の反応脳に意識脳が増えただけ、すなわち〝認識〟

するようになったという〝わずかな〟変化によって、それ以降のヒトの行動の変わりようたるや、全くの驚きであると同時に、且つこの変化から生まれた人為世界というものの、何とも言えない不可思議さを思うと、今この世界に、ヒトが存在することの意義をどう捉えればいいのかが、大いに問われてもいいのではないかとの思いを強くするものです。

さていよいよ知能とは何かに行くことにしましょう。

ヒトの脳は、無意脳と有意脳との二つの部分でできています。有意脳から生まれているものが意識情報でした。意識情報とは意味情報です。

知能とは、この意味情報を処理する能力のことを言います。ですからこの知能は、ヒトにしかないものです。動物や機械にはないものです。この意味情報は非物質としてのものですから、ヒトの脳でしか生み出すことができないものでした。ということは、意味情報というものは、ヒトが自ら人為的に生み出しているものだということになっています。以上が知能なるものの真相です。有意の世界こそが知能の世界です。

意味は非物質としてのものですから、ヒトの脳でしか作ることができません。ですからそもそも人工知能という概念そのものがないのです。ヒトの手で作ることができるものは、あくまで人工機能というものだけです。人工知能と言うコトバは誤りなのです。ヒトを誤らせるコトバとなっているものです。

以上から、シンギュラリティがやって来ることは絶対にありません。

この〝人為〟というものの存在こそが、ヒトが、もはや自然ではいられないことの最大の態様となっていると言えるでしょう。こんな〝知能〟などという〝人為世界〟を生み出すのが〝ヒト脳〟なのです。

4－3　ヒト脳は特殊だ

脳は、コンピュータの一種と考えることができます。ロボットを動かすコンピュータと基本的に同じものだと言えます。そして動物脳は極めて単純です。自然の脳としてのものだからです。自然の因果律の中にあるものです。

これに対してヒト脳は特殊な構造をしていました。それは特別なのではなく、全く特殊としか言いようがないものとなっています。以下に列記してみましょう。

1　動物からヒトへ変化する時に起こった脳の変化は、〝自己脳自己変化〟という特殊な変化方法でした。しかしこれは、必然でもありました。〝意識〟を生むためにはこの変化方法をとるしかないのですから。この方法は、それまでの自然界における脳の変化方法では全く見られないものだったのです。この点において、先ずは特殊です。

2　ヒトの脳は、コトバを道具として〝意味〟という〝非物質〟としてのものを生み出している脳です。いわゆる意識現象です。要するに脳という物体から意味という物質ではないものが生み出されています。このこと自体全く特殊です。しかもコトバを次々と新しくしては、その新しい意味を無限に生み続けることができるのですから。

3　ヒト脳は、Comp.in Comp. になっています。一種の〝矛盾〟コンピュータです。しかしだからこそ認識を生むことができているわけです。何とも特殊であり、且つ宿命的でもあると思います。自己脳自己変化のもたらす必然です。まるで悪魔と取引してしまったようなものかもしれません。

　こんな矛盾脳を、ヒト脳はどうやって制御しているのでしょうか。忘れたり、諦めたり、ごまかしたり、ウソをついたりといろいろな方法で矛盾を解消していることでしょう。こんなことを、脳内物質を使って、微妙に制御しているわけですから、ヒト脳は全くの特殊ということになります。

　この矛盾の解消方法について考察するということは、実はヒトにとって一番重要なテーマのはずなのです。この矛盾にこそヒトは翻弄されているのですから。

4　この脳の生み出す意味世界というものは、原理的に自然ではなく、矛盾を含んだ〝人為世界〟となっています。要するに自分自身の意味を、自ら生むということをしているのですから、どんな意味も自由自在に好き勝手に生み出せるわけです。この結果、ヒトの世界は矛盾と屁理屈にまみれた人為世界をこそ生きることになっています。それ故にヒトは、原理的に自然と〝対立〟するものであるし、厄介なものです。ヒトはもはや自然ではなくなっています。そしてこの意味なるものは、非物質であることで、従来の物の科学の対象にはなれないものです。本当に特殊な脳です。

5　意識すなわち意味は、他とは全く無関係に個の脳内で生まれています。ここから生み出される意味世界は、個の脳の中で自由自在に生み出せるのですから、〝内的に自由〟です。一方、脳から一旦外に出てヒトの集団の中に入った瞬間、個の内的自由は、他の内的自由とぶつかってしまいます。従って、外的には完全に不自由を呈することになります。〝外的に不自由〟です。ということは、ヒト集団の中には、そもそも自由なんかありません。〝自由〟というものは全くないのです。あるのは、あくまで〝自由感〟ということになります。非物質のあり方です。

6　意識行動の終点が、〝欲望終点〟になっているのですからある意味恐ろしいことでもあります。満足は有限性の中にあります。しかし欲望は、無限性を持っています。この点からヒトの欲望は、留まることを知りません。原理的に〝悪〟としてのものになっています。

そもそも欲望は、悪です。悪に違いありません。どんな理由を付けたところで必ず悪なのです。全く特殊な人為世界です。この〝人為〟故に悪なのです。欲望すなわち悪からは、何らの〝善性〟が出てくることはありません。またまた特殊です。

7

知能とか知性とは、いったい何でしょう。これを正しく言い当てることのできるヒトは、まだこの世にはいないと思います。正しくとは、科学的にということですが。何故かと言えば、〝非物質〟という概念を未だ持っていないからです。しかし読者の皆さんならもうこの概念に慣れていますから、もうお分かりではないでしょうか。そうです。この〝知能〟とか〝知性〟というものは、意味という物ではないもの、すなわち非物質の情報を処理する能力のことを言うのだということになります。実に特殊な脳なのです。〝学習〟も同じく非物質を紡ぐ能力のことです。

8

矛盾脳であることと内的に自由であるということによって、この脳を使って一つの論を作ろうとする時、必ず何らかの〝条件〟を付けないことには論立てそのものができないのです。そういう脳が〝ヒト脳〟です。自由に論を生み出そうとしても、それは叶わぬことなのだということです。

ヒトの脳は、内的に完全な自由です。ということは、その中心から球の表面に向かって自由が放射されていることになります。さあ自由に行き先を決めていいと言われても、いったいどっちへ進んだらいいものか全く分かりません。ですからこの方向を決めるのに〝もしかして〟という条件を必ず付けてやらなければならないわけです。このことは科学世界（物質世界）を記述しようとする時にも、全く同じことが起こってしまいます。どうしても仮説とか前提条件を先ず設定してやらなければならなくなっているのです。ですから科学理論であっても、論立てするにあたっては、〝もしかして〟という条件を設定してやらなければ論立てそのものができないことになっているのです。

このことについては、科学世界において、仮説演繹法と言って、仮説を設定することで自然世界をよく記述できるものですからこの方法は実に有効なものだとされています。しかし今見たように、ヒトが認識するという仕組み・原理の中にすでに組み込まれているものだったのです。仮説演繹法によらないと論立てそのものができないのだということだったのです。ヒトが認識するということは、そもそもそういうことです。ヒトの原理としてのものです。

このことによって、ヒトが手にできる理論というものは、全てこの条件付きのものと

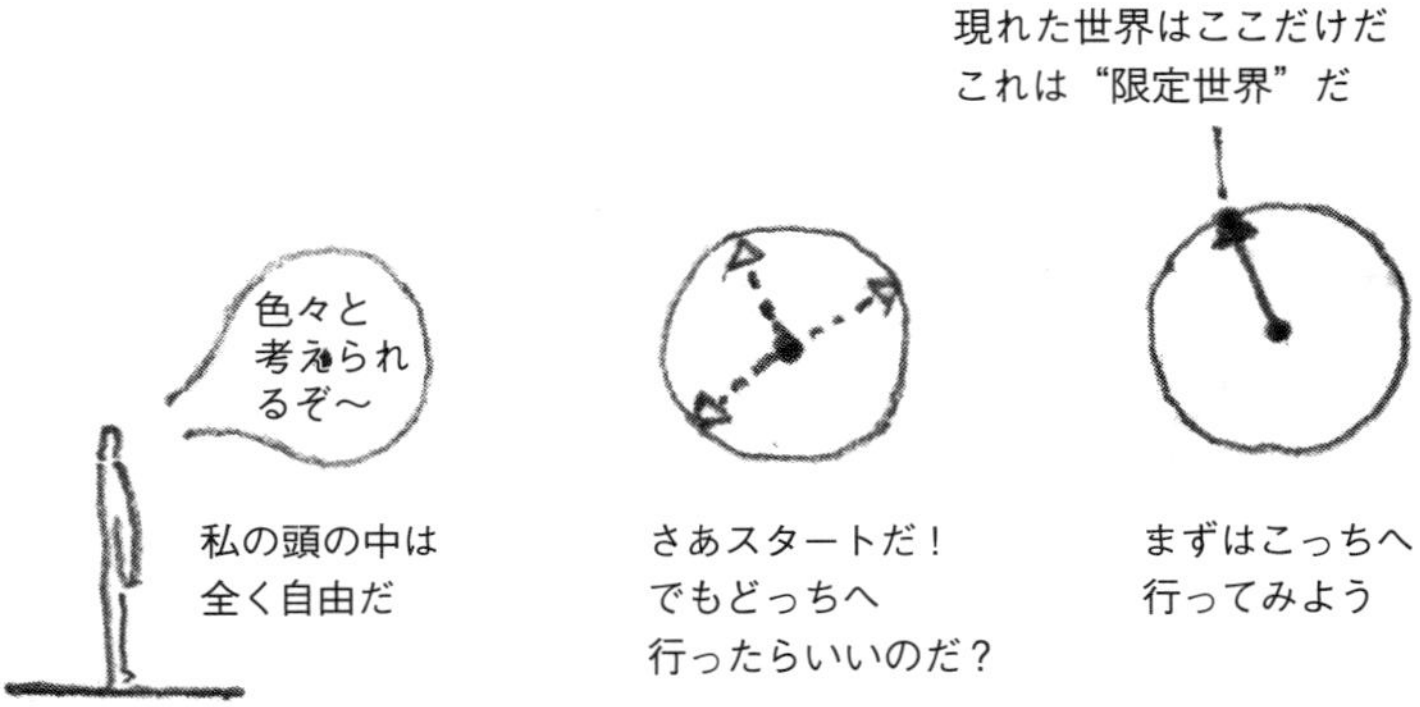
現れた世界はここだけだ
これは“限定世界”だ
色々と考えられるぞ～
私の頭の中は全く自由だ
さあスタートだ！
でもどっちへ
行ったらいいのだ？
まずはこっちへ
行ってみよう

• 自由なはずなのに、知りえるのは“限定世界”のみである

◉ イメージ図4－3　不可知原理

なっているのだということになります。ヒトが知ることができる世界は、この条件・仮説に沿った世界だけです。条件・仮説ごとに答えが現れるだけです。それ以外の答えが欲しければ、条件・仮説そのものを替えてやらなければなりません。しかしそうしたところで、そこに現れるものも、やはりその条件・仮説に沿った世界というものです。手に入るのは、条件・仮説に限定された世界だけ、ということになります。ヒトは、この〝限定世界〟しか、知ることはできません（**イメージ図4－3**）。

　そこで私はこの原理を「不可知原理」と呼ぶこととします。

　残念ながらヒトは、〝世界の総体〟へは決して行けないということになっています。ということは、世界の始まりとか、宇宙の始まりとかといった、世界の総体というものを、ヒトの脳で知ろうとしても、そこへは絶対に行けないということです。宿命ですね。これこそ宿命としか言えません。ヒトの認識世界の現実です。

このことが原理であることは、次のようにも記述できることからも明らかなのです。すなわち総体を知ろうとして、その総体そのものを条件・仮説にするということは、そのこと自体矛盾となってしまうというところにあるからです。

ヒトには、絶対にできないことがありました。

ヒトは〝高知能生物〟だから何でも知り得るのだとはよく耳にすることです。しかしそんなわけにはいかなかったのです。


ヒト脳は、真に特殊です。

ヒト脳は、本当に、本当に特殊な脳でした。

ここまで述べてきたヒトの脳の特殊性は、全て〝科学的事実〟として言及できてしまうことばかりでした。実に驚きではないでしょうか。

さて私のこの自由研究は、全く専門家ではないもの故に、大胆に第三者的な目で見ることができているものと思っています。脳科学界にあって、こういう脳というものの基本機能そのものを知ることに、もっと力が注がれてもいいのではないかとの思いを強くします。こういうことこそヒトの認識世界だということですから。

ここまで述べてきたヒト脳の特殊性は、ヒトにある原理としてのものと言えるでしょう。ヒトの原理は、これらの他にもまだまだ言及できるものが多くあります。そして認識問題も存在しています。前に述べたヒトの基本原理群から記述できるヒトの本質も、非物質科学的に指摘できるようになりました。後述していきます。

ヒト脳が特殊だということ、さらに矛盾脳であるということに絡んでいる、この〝矛盾〟というものについて少し触れておきたいと思います。

ラッセルのパラドックスというものがあることは皆さんもご承知かもしれません。先ずこれを説明してみます。

一人のクレタ人がいた。彼が言うには

「クレタ人は皆ウソつきだ」と。

1（検証）本当だとすれば

クレタ人はウソつきとなる

矛盾　しかしクレタ人本人が言っているのだから
　　クレタ人はウソつきではないとも言える

2（検証）ウソだとすれば
　　クレタ人はウソつきではないとなる

矛盾　しかしクレタ人本人が言っているのだから
　　クレタ人はウソつきだとなる

さあ、このようにクレタ人本人がどう言おうとも、言っていることの真偽を決着させることはできません。すなわち矛盾してしまうことになります。

これがラッセルのパラドックスです。何故こうなるのかと言えば、提示されたこの文章に〝皆〟を入れることで、本人自身も入ることになってしまって〝入れ子状態〟すなわちComp. in Comp.となっている文章なのです。この入れ子が、矛盾を生む原因になっているものです。

さてこの矛盾が起こることを説明するのに、普通はこのラッセルのパラドックスで説明されることが多いです。しかし、私は、もう一つ他の方法があることに気づきました。それはヒトが意識を生む、意味を生む、認識するというその原理の中にすでに含まれているということでもありました。とは言っても、ヒト脳はComp.in.Comp.なのですからそうなるのは当然と言えば当然なのですが。

それは次のようになります。

ヒトがウソだと言っていることは、ウソだと〝感じている〟ことでしかないものだということに先ず気づかなければなりません。そうです〝実感〟です。ヒトが意味を知るということの実態だということはすでに何度も述べてきました。すなわち〝ウソ〟といっても〝本当〟といっても、その認識の実態はあくまで、〝ウソ感〟〝本当感〟という〝〇〇感〟でしかないということです。だから、そもそもそこにはウソ、本当の正しい答えがあるわけではないということになっています。

これこそ答えだと提示したところで、それは結局答えではなく、あくまで当人自身の〝答え感〟が提示されているだけなのだということになっています。要するに〝答え〟なる〝物〟はそもそもないのだということで、結果として矛盾が、指摘できるわけです。すなわち真の答えというものを、そもそも提示できないわけです。矛盾というのは、一方的に提示されることで起こる現象です。ですから一方的に、これが答えなのだと主張したところでそれは決して答えではないものだということです。ここではこのような実感の構図として矛盾が現れているのです。

これこそがヒトが認識するということの実態です。結果として現れるのが矛盾という形で、論理的矛盾となってしまいます。これこそがヒトの脳の矛盾性をよく示すところだと思います。
以上が、私が非物質科学から見出したヒトの矛盾性でした。

特殊ついでにヒトという生物が、今ここにいることの〝特殊〟を見てみましょう。
非物質部分を持つ〝生命〟が存在することは、特殊です。1度目の特殊です。
意味を生み出している〝ヒト〟の存在は、全く特殊です。2度目の特殊です。
特別はたまたまあること。
特殊はほとんどないこと。

特殊が2度重なったら、全くないこと。ではないでしょうか。

5　意味が生まれていない世界（無意世界）を知る

意味が生まれていない世界を「無意世界」、生まれている世界を「有意世界」と呼んでいくこととします。

無意世界は先ずもって動物世界そのものです。一方ヒトの脳にも、動物部分として引き継いでいますから、部分として存在しているものでもあります。

ちなみに、一般的に意識がないと言う時は、ヒトに何らかの事故が起こり、意識を一時的もしくは継続的に失った状態を言っています。しかしこれから述べる〝無意〟とは、〝無意識〟とは自ずと違うものですから、この無意識については、ここでは論じません。念のため。

さてここで知りたいことは、この無意世界に流れている〝無意情報〟とはどんな形をしているのだろうかということです。ヒトは、普通には有意の世界を生きていますから、無意世界に目を向けることなど必要のないことです。無意世界はそもそも意識の外にあるものですから、わざわざその世界を知ろうとすれば、想像するしかないことです。では何故そうまでして知りたいのかと言えば、動物世界とヒト世界の違いを明らかにできるからです。未だにこのことが明確にされていないからです。

この無意世界を知るために、ただ想像すると言ってもそれだけでは達成できません。すでに知っている我々の有意世界と対比することで見えてくるもので、逆に対比しないでいては決して見えてはきません。

この〝無意〟〝有意〟を語るには先ずもってその世界に沿った用語が用意されなければなりません。例えば、記憶というコトバについて、見ておきましょう。この記憶とは、意味情報（非物質情報）を貯えておくものです。一方、動物の無意世界においては、データという〝物（物質情報）〟ですから、「記憶」とは別に「反応源」というコトバを与えました。このように有意では〝記憶〟であるのに対して無意では〝反応源〟という違うコトバを当てなければ、情報を蓄えておく場所として同じであっても動物とヒトとを区別することができません。

そういうことで、それぞれの世界を表すコトバを、それぞれに対応するコトバどうしを一対にして**一覧表**にしてみます。こうすることで各々の世界を明確に知ることができます。

この無意世界とは〝自然世界〟であり、一方有意世界は〝人為の世界〟だということに特に注意してください。原理的にそうなっています。

今記憶というコトバについて述べましたが、特に指摘しておきたいコトバがこの他にもあります。

No.	無意世界 コトバがなく意味が生まれていない世界 動物の世界	有意世界 コトバによって意味が生まれている世界 ヒトの世界
1	満足	欲望
2	反応源	記憶
3	自然	人為
4	客観	主観
5	一定的解	条件付き解
6	群れ	集団
7	自由	不自由
8	処理	学習
9	反応	知能
10	反応行動	知能行動
11	群れ社会	集団社会
12	個体	個
13	群性	個性
14	変化	――
15	あるがまま	意図的
16	恐本能	恐怖心
17	する	できる
18	動き	動作
19	――	好奇心
20	育つ	育てる
21	――	愛する
22	本能	恐本能のみ
23	――	矛盾
24	序列	順序
25	有限	無限概念
26	――	意識
27	――	コトバ
28	解あり	解なし
29	――	善悪
30	反応認知	有意認知
31	――	平和
32	――	暴力
33	秩序	争い
34	反応	知能
35	反応認知	有意認知
36	反応付け	教える・教育
37	食反応	食
38	恐がない	安心
39	感覚反応	感覚
40	――	体系化
	etc.	etc.

それは、「知能」「学習」の二つです。これらも前で記していますが、再度ここで取り上げて、このコトバの意義について記しておきたいと思います。

これらは、現在、コンピュータの世界でよく使われているものです。要するに、機械を擬人化しているということを指摘したいのです。

この知能とはいったい何かということですが、〝知能〟とは、ヒトが、〝非物質情報（意味）〟を処理する能力のことを言います。これこそヒトが行っている知能としてのものです。機械・コンピュータにはこの能力は、絶対にありません。あるのは、〝機能〟というものです。ＡＩのことを〝人工知能〟としていますが、この知能という用語は、全くの誤りだということです。正しくは、〝人工機能〟ということになります。機械に知能はありません。知能を持つのは、ヒトだけです。機械では、あくまでデータ処理という〝物〟の処理能力があるだけです。

この点においては動物も機械も同じです。

また〝学習〟なるコトバも正しくありません。正しくは、〝処理〟ということになります。学習とは、やはり〝非物質情報〟を処理する能力のことです。ですから機械は、学習などするのではなく、あくまで処理をしているのです。情報の高度処理ということです。他に深層処理でも、高度深層処理でも何でもいいでしょう。ただ学習とするのは、全くの誤りなのです。

一方動物にあっては、反応源の改変ということになります。動物も〝学習〟はしませんから。

無意とは、自然世界のことだと言えるでしょう。そこで自然とは何かを考えてみたいと思います。自然はと言えば、あるがままな状態にあることで、自然でいられるものです。あるがままの姿というものは、それにプラスするものもマイナスするものもないという状態だと言えます。すなわち、そこにはあるがままで〝満たされている〟という一定的な状態のことだと言えます。それは動物でも単なる物でも、そのあり方は同じです。どこまでも満足が続いていると考えればよいだけです。このようなあり方こそ、自然がそこに、あるがままに〝満たされてある〟ということになります。

前述したように、ヒトの世界にあっては、欲望を満たした後の満足をイメージしますが、それは自然のあり方としての満足とは大きく違う意義になっていることは、自ずと分かるはずです。欲望のない満足と欲望のある満足とでは、大きな違いであるということです。

自然の満足とは、自然には欲望などないことの裏返しでもあります。人為などあるはずもありません。あるがままでいるためには、考えたり、教えたり、覚えたりという意味行動はしてはいないのだと捉えなければいけないことです。学習というコトバについて前で述べたことと同じで、この〝教える〟にあたるのが、無意では〝反応付け〟ということになり、覚えるとは〝反応付けがなされた〟のだとなるわけです。こういう反応行動こそが無意脳の本質だと言えます。

無意行動は、刺激とそれを受け止めるセンサーによって始まり、そして停止します。その刺激は、外部環境と内部環境の二つにあります。外部環境の刺激を受けとめるのが五感で、そのセンサーとなっているものです。一方、内部環境の刺激として作動していると考えられるのが本能です。内外の刺激に応じて動物種ごとに特徴があって、自らの生活環境にあったセンサーを用意しているわけです。

ここでヒトに変化する直前の動物（ヒト前動物）時代の行動能力について再度、想像してきましょう。この頃のヒト前動物は、正にこの無意世界にあったのですから、無意世界を想像する時に、実に有意義な時代なのです。このヒト前動物にあっては、現在のヒトの行動に、ほぼ近いところまで、無意のまま到達していたものと考えられるでしょう。この段階の脳に、後はコトバを付け足しさえすれば、現在のヒトに変化するわけですから。

思うにこのヒト前動物においては、視覚が最も重要だったのではないかと考えられます。視覚は、目の前にあるものや出来事を、映像として相対的に捉えて、それに反応するということにおいて、ヒト化への重要な役割を果たしたセンサーだったと考えられるからです。そこでこの動物にとって、外界を認知するという視覚作動、すなわち、環境とどう反応しているのかということを知りたくなります。コトバを手にしている今のヒトのあり方から遡って考えてみることが、それを想像するのによい方法であろうと思います。

ヒトは感情と思考を、コトバを介して生み出しています。すなわち心です。これの元になる何か〝衝動〟というものが無意の脳の中に芽生えているのだと考えるのです。無意にあるもの故、コトバを新しくしなければなりません。感情と思考にそれぞれ対応するものとして「情動」と「概念」というコトバを当てるのがピッタリするのではないでしょうか。

無意脳で起こっている何らかのものとは、これら情動や概念の、何かむらむらとした神経興奮が、衝動として脳に生まれているのだと考えられます。これが無意脳で反応が起こっていることの生物的状態と言えるでしょう。ヒトはこれをコトバにして意味を生み出しているだけなのに対して動物は、この興奮に沿った行動が現れるだけだと考えるものです。この興奮の元があるのが、反応源であって、ヒトで言えば意味が生まれる前の衝動としてのものだということです。そしてヒトはこの衝動にコトバを当てて意味を生んでは記憶していることになります。ヒトにも反応源はあることになりますね。ですからヒトもこの反応源を介して内的、外的環境と反応し合っていると考えればいいでしょう。

コトバ一つとっても意味がない世界とある世界を記述するのに、用語を新たにしないと表現することができないのだということが、明らかに分かります。

前の方で触れたことですが、ペットが、ヒトが教えたことをやっているように見えるのは何故かといえば、もともと脳は柔軟性を持っていて、この反応源という脳部位を限定的に改変させることができているから、そう見えるのだと考えられます。この柔軟性のことを脳科学では脳に可塑性があるというそうです。ペットや家畜は、この改変に対してより柔軟性を持った動物種故にそういうことができているものと言えるでしょう。

このように無意行動の全てが反応ということであり、これで説明できてしまうものなのです。動物もヒトも、無意世界ではただただ反応し合っているだけなのだということです。これこそが無意世界の真実です。動物とヒトの一部の世界です。

無意世界を知るにはコトバが大事になると指摘しました。その使い方でよく混乱するコトバに〝認知〟というものがあります。これとて無意世界ではその意義が全く違うものとなっています。無意世界では反応することのみにおいて認知（反応認知）があればいいのに対して、有意世界を生きるヒトにとっては、この反応に対する反応認知と、コトバで意味を知った時の認知（意味認知）の二つを持っていることになります。この点はこれまで明確に記述されたことのない世界だと思います。明確にされていないのは当然のことで、動物脳とヒト脳とが全く違うものとしての知見を、未だ持っていないというところにあるからと言えるでしょう。前で述べましたが、脳研究における大きな問題だということを指摘せざるを得ません。

生命とは何かと言えば、単なる石ころにはない何か生命としてのものを〝感じている〟のであって、前に私はこのことを衝動というコトバで表現するのが適切だと言いました。この衝動はロボットにはなく動物にはあることで、動物やヒトの無意脳にはこの衝動としてのものが存在するのだと考えればいいのではないでしょうか。この衝動は、無意部分にこそあるものです。しかしこの衝動なるものもやはり非物質としての存在であることで、どうしても不思議となってしまうものでもあります。

そもそも生命といったものを目の前にした時、そこには明らかに生命活動という非物質としての衝動があることをヒトは見て取ることで、いわゆる物とは違う〝生命感〟を持つものです。物の科学である従来の科学は、この生命を含めて、無意世界の不思議に直面して、この先へ行くことができないでいます。物質が非物質を生み出すその瞬間について、物質で記述するとか、物質でないものを物質で記述することなど決してできないということです。今のところ科学するということは、あくまで物質世界においてのみ可能となっているものですから。さらに、今私たちがやっている非物質科学によっても、それはやはり叶わぬことでしょう。

さてここで、ヒト世界における無意世界とはどんなものなのかをさらに想像してみましょう。すでに、少し考えを巡らせてみましたが、他にも新たに見えることもあります。

我々ヒトの行動のほとんどは、無意にて行われているということにも気づきます。例えば朝目が覚めてやおら起き上がって、眠い目をこすりながら、全く何も考えずに顔を洗ったり、歯を磨いたりしています。この一連の流れは全く意識などしないで行っています。多分、これが、動物が行っている無意行動なのだろうと想像できます。確かめる方法などないのですが。想像の世界です。

またこういうこともよくあります。それはテレビを見ている時などですが、視界の中にデジタル時計があります。その表示が、111とか、123とか目立つ数字に変わった瞬間に、目がそこに飛ぶようなのです。そしてその時何故時計を見たのかは分からないのですが、ただ目がそこに行っていて、その並んでいる数字に驚いているわけです。見たその瞬間から最初の数字が変わるまでの時間を測ってみると、大体1分くらいかかることから、数字が変わった瞬間に目がとらえているようです。これなど正に無意行動と言えるものなのだろうと考えられます。そして無意に反応して、その後に意識に上げて、数字の並びに意味を見出しているという、無意・有意世界のあり方を端的に示しているものと言えるでしょう。

さらにもう一つの無意の例ですが、そもそもルーティンワークなどは、無意行動の典型かもしれません。

意味を知ってしまっているヒトから無意行動を見る時、特に動物に対しては、いろいろと擬人化してみることが多いことです。まあそれは仕方のないことではあるのでしょうが、研究的に見る時、それを誤ることになるのはこういうことから来るのでしょう。研究者が、擬人化していては、そもそもおかしいのです。

無意脳と有意脳と併せ持っているヒトの脳の研究にあっては、有意脳を何だかんだと心理学的にいじる前に、この無意脳の方すなわち動物脳の方を、先ずは充分に知ることが重要なのではないでしょうか。先ほどのデジタル時計の話ではないですが、ヒト脳にあっても無意脳部分が基本になっていて、意味付けなど、その後でしか行われないものだということなのですから。しかも、その無意のほんの一部に意味付けする程度のもののようですから尚のことです。動物脳（無意脳）こそがもっと研究されるべきなのだとつくづく思うものです。

無意脳の終点は満足終点となっているのは明らかです。これは動物が自然でいることを保証するものだからでした。再確認しておきます。

これまで述べてきたように、無意世界こそが、脳の主体としてのものだということに気づきます。ヒトは、あくまでこれに意味付けをしているだけなのだと言える構図がはっきりと見えてくるのではないでしょうか。

6　意味が生まれている世界（意味世界・認識世界）を知る

ヒトは、意識現象を起こすことで意味なるものを生み、これに続く認識現象によってこの意味を知ることで、認識世界を創り出しています。意味が生まれている世界を意味世界としたのですから、意味世界とは、認識世界そのものということになります。

そもそも認識するとは、ヒトがコトバを話す生物に変化したことによって、目の前の事物にいちいち意味付けしているということです。

こうして意味付けされた世界はと言えば、ヒトが個々に創り出す、人為の世界です。人為であることで、目の前の事物に意味付けするばかりか、新しい意味を自ら創作もしています。意味は非物質としてのものです。ですからこの意味の非物質世界は、全てヒト自らが創り出している人為の世界だということです。この世界は、コトバを紡いで意味世界を生み出す〝現象世界〟でもあります。例えば哲学するとか物理学をするということは、哲学現象とか物理学現象を起こしているということになります。とにかくヒトは何らかの現象を常に、しかも人為的に起こしていて、そうして起こした現象の結果としてのそれを〝知る〟ということにつなげています。この現象の結果の主体は〝実感〟でした。この実感は、そのまま意味に通じていました。これこそがヒトの認識世界の実態です。

こんな非物質なる認識世界が、どんなものなのかを〝知りたい〟と思ってしまったことで、この自由研究を始めてしまいました。そしてここまで来て、いよいよヒトだけに起こっている意味世界の何たるかをこれから知っていこうというところです。

先ずは、意味の非物質現象世界へ行く前に、物質現象世界とは何かというところから見ていきましょう。これは、いわゆる一般的に言われる科学世界のことを言います。ここには、物理学、化学、熱力学、空気力学等々といった学問領域がありますが、これらを一つにして科学現象世界と呼ぶことにしましょう。物質現象とは、科学現象のことです。これだけです。物質現象世界は単純な世界です。

これに対して非物質現象の方はと言えば、科学現象以外の全てがこの非物質現象世界となっているということになります。ヒトが、個々の中で全く自由に創り出すことのできる世界すなわち主観世界であることで、ヒトの世界を大いに惑わせているものでもあります。ヒトの認識問題もここにこそあります。非物質意味世界には、何かが潜んでいるようです。この非物質世界にこそ興味が引かれるのです。そんな意味世界をこれから詳しく見ていこうと思います。

さて意味世界を俯瞰するにあたっては、これら「非物質」「物質」という世界の存在を中心に据えて、つぶさに見ていくことによって、いろいろ興味深い世界があることを知ることができます。

さあ、ここからは、この面白い意味世界の探索に出かけることにしましょう。とは言ってはみたものの、先ずは私の行った探索の結果を最初に提示することになります。何故なら私がこの結果を手にするまでの探索の経緯を皆さんと共有することなど、全く現実的ではないし、実際不可能なことだからです。先ずは、私の探索の結果をお示しすることとします。

それは、**次表**のように、意味世界を分類して一覧とすることができました。意味世界が分類できたということは、認識世界が〝可視化〟されたということになります。つまり認識している世界そのものが見えるようになっています。

これは、私が考え出したというものなどでは決してなく、それは、ただ自然にあったものを単に見つけ出した、探り出したというものであるという点を強調しておくものです。

認識世界を知ることが目標でもある本書において、ここが最大の成果を示すところともなっています。

ヒトの意味世界すなわち認識世界は、**次表**のような姿をしています。

◉ヒトの“意味世界”すなわち“認識世界”の分類一覧表

[1] 非物質 意味世界 (認識世界)	A 純非物質現象世界 数式はない 条件付きの解しかない	哲学、文学、心理学、宗教、芸術、脳学、青い、きれい、etc.
	B 非科学的非物質現象世界 数式がある 条件付きの解しかない	経済学、社会学、統計学、国、社会、etc.
	C 科学的非物質現象世界 数式がある 一定的解がある	幾何学、状態、図形、姿、形、時間、空間、ボール実験、etc. (相対的世界)
	D 物質的非物質現象世界 数式はない 一定的解がある	非物質科学（意識の科学・新しい形の脳科学） （ヒトの本質世界）
[2] 物質 意味世界 (認識世界)	E 物質現象世界 数式がある 一定的解がある	物質科学(従来の科学) 物理学、化学、理学、地学、工学、機械学、バケツ実験、etc. (相互的世界)
[3] 非物質・物質 両意味世界 (認識世界)	F 非物質・物質現象世界 一部数式あり 一定的解がある	生命科学、医学、生理学、脳科学、動植物学、etc. (自然世界)
	G 数学世界（次項による）	

[4] 数学世界（G）

	使用する数の特性	数に導かれて現れる世界	具体的世界像
G1	非物質数 数に意味がある	非物質世界 見え方の世界 条件付き解	経済数学、etc.
G2	非物質数 数に意味がある	物理的非物質世界 見え方の世界 一定的解 相対的世界	幾何学、状態学、統計、確率、理論物理学、etc.
G3	物質数 数に意味がある	物質世界 一定的解 相互的世界	物理学、化学、etc.
G4	物質数 数に意味はない	物質世界 一定的解	純粋数学、論理数学、etc.

[5] ヒトの自然性保証の世界（ヒトの善性の世界）

これらの世界は、これまでの概念からでは指摘できない世界だと思います。〝非物質〟なる用語を当てることで初めて新しい概念世界が生まれ、この概念の下、姿を現してくれたものです。世界初と言えるのではないでしょうか。

以下にそれぞれの世界について概観していきます。

6−1　意味世界（A）〜純粋非物質現象世界〜

純粋に、いわゆる心という世界です。何もないところに、自らが意味という非物質としてのものを存在させる〝人為世界〟です。

心とは言ってもここでの心というのは、意味の非物質性を純粋に紡ぐ世界のことだというところにその意義はあります。哲学に代表されるように物事について考えたり思ったりするということです。すなわち文学をしたり、ヒトの心理を考えたりと、いわゆる文系世界の話のことを指しています。文系・理系という分け方は特に日本では一般的になっていますが、外国ではどうかは分かりません。しかしこの分け方は、全く正しく意義のあることと言えます。このことを嫌うヒトのいることも知っていますが、すでに述べてきましたように、科学世界いわゆる理系世界とは全く違う世界を呈している世界であることから、文系・理系と分けるのには〝重要な意義〟があるのです。

文系世界、特に我々が普通に生きている文系世界には、条件を付けないと答えを手にできない世界であることについては、もう何度も述べてきました。一方、理系世界には必ず一定的な答えとしてのものがある世界なのですから、自ずと全く違う世界であることは、明白なことです。答えがあるのとないのとでは、話が大きく違ってきてしまいます。

非物質意味世界すなわち心の世界をこのように科学的方法で語るには、今ここに私が記述しているように、ヒトが意識現象を起こしているという事実を根拠として扱うという方法で語るしか他に方法はありません。

一方、あたかも当然のように語られる科学世界は、ここはまぎれもない物質世界ですから物質で語れば済んでしまうという明快さがあります。しかし、そう単純なものでもないですので、この辺については理系世界の話のところで詳しく記していきます。

科学技術が、ヒト社会に、応用として入り込んでくる時に、常にひと悶着起こします。それは当然なことなのです。元々答えなどないヒトの非物質世界に、これこそ答えなのだという顔をして入り込んでくるのが科学だからです。一方、技術は便利という便宜の顔も併せ持って社会に侵入してもきます。ヒト社会にあっては常にこの答えとの格闘を強いられることになっているというところです。答えのない世界に、どのように答えを受け入れるのかの戦いとなってしまいます。

こうした非物質意味世界は、ヒトが人為的に作り出している、そういう世界なのだということに改めて気づかされます。人為と自然のぶつかり合いということでしょう。

文系世界は、ヒトが勝手に且つ自由に創り出している人為世界です。当然、自然物などではない、だからこそその非物質世界ということです。勝手と自由がない交ぜになっている世界と言えるでしょう。

よくコトバとして、科学哲学とか社会科学、心理科学、等々〝科学〟を付けると、何か少しでも科学的に答えが得られるのではないかといった甘い期待の込められた用語が現れますが、全くおかしなことだということがよく分かるはずです。

文学などは、最初から答えなど求めないで済んでいる世界だということです。しかし、だからと言って、そこにはこの答えのないことを明確に、科学的に知った上で、あえて答えを求めない世界を築いているのだとの自覚のもとに、それをやっているヒトは、まあいないのではないでしょうか。その自覚のもとに文学という世界を切り開いていることでノーベル文学賞としての価値が存在するはずだと思うのですが、果たしてそういう理解であるかどうかは私には分かりません。まあ、結果オーライのところでしょう。ノーベル哲学賞なんかが出てきたら、驚き以外の何物でもなくなってはくるでしょう。

さてこの意味世界（A）における最も重要と考えられる世界のあることに、皆さんも、もう気づいておられるのではないでしょうか。それは宗教世界です。すでに前の方で少し触れていますが、これについては別項でさらに記すことにしましょう。

ところで私のこの表には「脳学」というコトバも記されています。果たしてこれは何なのでしょう。これは、いわゆるこれまでの脳科学では非物質などというものは、所詮扱えないのですから、脳の非物質世界を語るための新しい世界のことを意味しています。それを〝脳学世界〟としたものです。私の造語です。それは、すなわち今私がここで述べているような、意味世界を記述する世界のことに当たります。

今後は、脳学の世界が大事にされることを願う思いを込めたコトバです。あえて言えばそれは脳非科学とでも言える世界なのかもしれません。しかしそこには、一定的な解があるのですから科学でもあるのです。これこそが非物質科学なのです。脳学はこの非物質科学を道具として使うことで、新しい脳学世界を記述できることでしょう。私は、大きな期待を持つものです。

6－2　意味世界（B）～非科学的非物質現象世界～

この世界は、非物質世界なのです。まさかとお思いではありませんか。何故かと言えば、ここは全て人為の世界となっているものですから非物質世界ということになるのです。特に経済学が代表的に位置付けられるものです。経済学には数学もコトバとして登場してきます。数式があることで、何か科学っぽく見えてしまっていますが、この世界はまぎれもない非物質意味世界であって、全て人為の世界となっています。要するに非物質世界なのです。

例えば〝会社〟とか〝法人〟などというものは便宜的にヒトが作り出したものでしかないものです。非物質です。〝税金〟やその他経済にまつわるものは全て、ヒトが考え出した人為の世界でしかないものです。すなわち〝心〟の世界としてのものとなっています。実は心なのです。景気は気であるとはよく聞くコトバです。あながちウソではないばかりか、むしろ本質を言っているものと言えるでしょう。

〝経済数学〟なるコトバ、すなわち経済数式に〝意味〟を付与した時点で、その数式から得られる答えは、条件なしに答えになることなどないはずのものなのだということに気づかなければなりません。これこそが非物質世界の現実です。ところが高等で難解な数式の登場によって、その条件が、見えなくなってしまったり、作った本人にも、本来あるはずの条件など分からなくなってしまったりして、結局バブルに突き進んでしまうということです。その裏にヒトの欲望があるのですから、結果は見えているはずのものだったのです。全ての者が利益に預かるなどという理屈は、そもそも存在するはずもないというだけのことなのです。わざわざこんな科学的事実を持ち出すまでもないことなのでしょうが。

このように数式は、経済コトバとして〝部分的または条件内〟で立派に役割を果たしているというだけのことです。しかし、そのことで裏にあるはずの条件が意識的に隠されたり、見えにくかったりしては、多くのヒトが道を誤ることになってしまうという世界が、意味世界（B）です。

ここで、世界を分類するにあたって〝非科学的〟なるコトバを付加していることに特に注意していただきたいと思います。これは、同じ非物質世界にある意味世界（C）における〝科学的〟としたものとを分けるためです。意味世界（B）に分類している統計学なども、あくまでヒトが考え出した人為世界であって、この統計で記述される世界は決して物質世界（自然、科学世界）を記述するものではないということから〝非科学的〟となるわけです。

ただ数式があるだけでは決して科学にはなれません。決してならないのです。数学は物質にも非物質にもなるもののようです。数式はコトバでもありますから。

6－3　意味世界（C）～科学的非物質現象世界～

この世界は、特に〝不思議〟となっている世界だと思います。非物質と物質が分けられていないことで、不思議となっているのです。科学世界で不思議となってしまうのがこの意味世界（C）だということです。しかし、まあ言われてみればそういうことかと分かるものではあるでしょうが、言われなければ、やはり分からない世界となっています。あえて言えばこれまで、世界の誰にも、1度も指摘されたことなど多分なかった世界ではあると思います。いえ、やはり私は断言してしまいます。絶対に今まで誰も指摘できていない世界です。

では何故非物質世界なのかと言えば、例えば幾何学について見てみます。この幾何学とは、こういう考え方にしましょうねという取り決めを、ヒトが人為的に行った結果現れた世界だからです。要するにここは、人為の世界だということです。そもそも物としてあった物質世界などでは全くないものですね。あくまでヒトが、そういう考え方として生み出した世界だということです。ですから非物質世界なのです。他の状態、図形、姿、形、空間などもこれと同じあり方をしているものです。時間についてはすでに確認済みです。

意味世界（B）以上に科学に見えてしまう世界です。ですから〝科学的〟ということです。この世界は、明らかに人為世界なのに、数式があることと、一定的な解があることで、いわゆる科学世界と直接関連してくる現象世界だからだと言えるでしょう。それ故〝科学的〟を付加して〝科学的非物質現象世界〟としています。

要するにこの世界は、あくまで非物質世界なのであって、決して科学世界そのものを直接記述しているわけではありません。いわば間接的に科学になっていると言えるのです。単なる〝状態〟や〝姿かたち〟を記述する世界なのに、科学現象を記述する時に必ず入り込んでくるものですから、ヒトの目を誤らせることになっているのです。この状態や姿かたちというものは、実は非物資だというところに、その因があるのです。

そもそもこの意味世界（C）は相対現象世界としてのものであることで、これ自体は非物質現象としてのものであるということに特徴があるのだということに気づかなければなりません。相対世界は非物質世界なのです。要するに〝非物質〟〝物質〟を知らないと気づかないのです。というより気づくことができないのです。〝幾何学〟や〝状態学〟などは、この意味世界（C）にあるものです。他にもいろいろありますから、別項「科学世界における意味世界（C、D）」にて記すことにします。実に興味深い世界を目にすることになると思います。

6－4　意味世界（D）～非物質科学世界～

1－6項（非物質科学の創成）で述べた世界です。全てのヒトに実感というものが生まれていることを根拠にすることで、ヒトが生み出している非物質世界を科学的に記述することができることに気づいたことで現れ出てきた世界です。

非物質世界にも一定的な解があることで物質的な特性を有することから、〝物質的〟を付加しているものです。そこでここは、〝物質的非物質現象世界〟となります。

科学であることで、矛盾を抱えたヒトの世界にあっても、一定的な答えとしてのものを、条件など付けることなく提示できるという、いわゆる科学世界があることを見つけたものです。

正に発見・創成です。ここまで記述してきたものも、またこれから以降に述べるものも全て一定的な解となっていて、それらは、科学であることでヒトの〝原理〟すなわちヒトの〝本質〟を言い当てることができるものです。この科学世界を私たちは、「非物質科学」と名付けて、従来の物質科学と分けるようにしました。科学にも、非物質世界と物質世界の二つがあったのです。ですから、これらの論述は、決して創作ではありません。あくまで発見なのです。

6－5　意味世界（E）～物質現象世界～

ここは、純粋に物の科学世界を記述する世界です。分類に挙げている一つ一つの世界は、原理的に、これら全てを、〝科学現象〟だけで記述できるものです。物理的に存在する事物に意味付けをするにあたって、分野ごとに分けて、いろいろな面から見やすくするために分類されている科学世界です。科学世界とは自然世界のことです。自然とはそこに厳然としてある物質のみの世界です。そこに何かがあるという現実は、それだけで答えがそこにあるという世界です。

コトバとは本来非物質なのに、そこにある現実に対して意味付けすることで、物質性を持ったコトバに「変容」しているのだと言いました。目の前の物質世界すなわち自然そのものを物質コトバで記述することで、科学世界の意味を知る世界が、この意味世界（E）です。

この世界は、正に物理学を代表とする理系世界です。純粋に理系なのは、この意味世界（E）だけです。そしてこの世界は、現実に存在する物・物体の相互の関係のみを記述する世界であることにも留意しなければなりません。こんなことは当然のことと思っているヒトがほとんどだと思いますが、実はここにも、例えば時間・空間などといった非物質が必ず入り込んでくることで話を面倒にしています。後述します。

さてこの世界には必ず数式が登場します。数式もコトバとしてのものでした。コトバなのですからやはり〝非物質数式〟と〝物質数式〟があるのです。同じ数式に見えても、それに意味を与えることで、数式コトバも〝変容〟して非物質になったり物質になったりしています。正にコトバです。

ここで再度確認しておきたいと思います。それは、物質コトバで自然を記述するのは当然ですが、だからといって知ることができるのは、限定世界だけであるとか、実験・観察が絶対に必要となる世界なのだということです。さらに前述した、コトバの変容が起こるのは、体験と記憶によっているのだということも併せて思い起こしてください。さらに、物質世界とは科学世界ですから、知識の積み上げで成立している世界です。一足飛びに達成することなどできない世界であるということも。

ヒトも生まれてこの方、この体験をひたすら積み上げた結果、やすやすとコトバの変容を達成しているのです。

6-6　意味世界（F）～非物質・物質現象世界～

この世界は、生命に関係している学問分野であるということになります。生命や生命現象には必ず非物質現象が付随していることで、純粋に意味世界（E）すなわち科学世界のみではいられないものだということです。これらは、物質に係る世界と、生命活動という非物質世界とを併せ持っているからです。特に脳などは、典型的に物質部分と非物質部分とに関連しているのですから、自ずと研究分野も限定的とならざるを得ないことを積極的に認めていくという研究姿勢が求められることになるでしょう。意識現象など、全くの非物質現象なのですから、通常の科学など全くできるはずのない世界のものです。〝物〟の科学で可能な範囲と、そうでないところとの明確な視点を持った追求が求められる分野だと言えるでしょう。

ところが世界は広いもので、この意識現象を記述せんものと、何と量子世界において、この意識現象を生じさせることができるのだとの考えの下に、〝意識〟について研究している物理学者さえいらっしゃいます。量子とて物質です。果たして、その行く先はいかがでしょう。

薬やワクチンの開発なども、物質からしかアプローチできません。ところが相手は生命現象なのですから、結局、最後にはこの非物質と対面しなければならなくなっています。やはりこれを超えることの難しさが表面化してくるのです。
物質と非物質の間というものなど存在しないということです。
何とも切ないのがこの世界です。

6－7　意味世界（G）～数学世界～

数学世界の話です。数学っていったい何でしょう。実に不思議な世界です。不思議だということはやはり非物質なのか、それとも物質なのか。つぶさに見ていくと、表のような世界が現れてきました。数学世界を非物質・物質という概念を通してみてみると、やはりここにも、これら二つの世界が存在していました。こんな風に考えたことなどなかったのですから全くの驚き以外の何物でもないことです。何とも不思議で私自身、はっきりこうだとは言い切れないところはあります。数学自体への私の理解の足りないところにその因があるのかもしれないことです。

しかし、数式の持つ潜在的な力とでもいうのか、その持つ能力の大きさにはただ圧倒されてしまうという実感は、持つことはできます。意味を込めた数や数式がある一方、意味などには全く無関係に現れる〝数〟の世界などに入り込むことなどやはり私には難しすぎる世界ではあります。従って以下に記すのは、このような浅い私の知識からのものでしかないことを先ずはお断りしておかなければなりません。

さて、数学とは、そもそもヒトが創ったものなのか、もしくはもともと自然にあったものなのかを知りたくなります。

数式の発明は、数学の歴史の中にあります。ヒトが創ったものであることは明らかでしょう。数式というものが自然の中にあったわけではないのですから。そこで、改めて数式に目をやると、その数式には本来的に〝何らかの意義〟が存在していて、それをヒトが発見して、その意義の存在を知るというのが数式の世界でもあると言えそうです。公理・定理はこうして見出されたもので、いわゆる発見とは少し違った意味合いのある「発見」だと考えられます。それでもこの〝何らかの意義〟というものは、もともとあった〝自然物〟としてのものとも言えるものでしょう。だとすればいわゆる単純に発見でいいのかもしれません。そして数学自体も同じく〝自然物〟としてのものと考えられます。それをヒトが発見して「数学」という形にしたのです。

このように、数学は何か特殊なあり方となっているもののようです。しかし自然にあったからといって〝物〟ではない、決して目には見えない非物質としてのものなのに、物質としての顔も併せ持っているのです。ですからそれらを捉える能力は特別な、いえ特殊なものとならざるを得ないのではないでしょうか。

この数学世界は、論理という特殊な意味世界も持っていて、ここにも物質性が顔を現します。それ故、数式は物質世界をよく記述します。

これに対して数式自体に意味を込めた数学は、例えば経済数学や幾何数学などに見られるように、非物質世界をよく記述するものでもあります。

論理数学の物質的数学世界は、明示された仮定から出発して、ひたすら論証だけを頼りに命題のネットワークを構築していくという世界です。意味などという面倒で分からない世界とは全く異なる世界でもあります。ここは、さっぱりして湿り気のない心に爽やかな風が吹き抜けるような世界であると言えましょう。ヒトによっては、爽やかというより無味乾燥な世界というヒトもいるくらいです。意味のない客観世界は、大いなる自然世界なのであって、ヒトの思いなどとは全く無関係に、そこにあるがままの空間で広がっているものです。数学世界というのは本来このような自然空間をなした世界なのだと言えるのかもしれません。

物理学における数学・数式は、これとその姿かたちを同じくしていても、そこに意味が込められることで、本来の数式の持つ自然性から離れて、ヒトのコトバ世界、すなわち主観世界に変身してしまいます。物理数学なのに、そうなってしまうようです。それ故にその数式には、込められた意味が存在することができるようになっているのでしょう。ですからそれが物理数学とは言え、条件なしの答えを手にすることなどできなくなっています。しかし、その数式が自然現象とよく合致するあまりに、その数式に持たせた意味が、条件付きで成立していることに気づいていないということが物理学の世界にもあります。意味の世界にある数式は、純粋な数学と違って、もはやコトバの世界の中にあるのだとも言えそうです。どうしてもそれは主観世界にいるのだということになってしまいます。あまりによく自然世界を記述できてしまうことから、つい主観世界にいることに気づかないだけなのです。

ヒトは、限定世界しか記述できないというところに、その原因はあるのだということだけを、ここでは言っておきましょう。後で詳しく触れていきます。

前で少し述べたことですが、数学世界には数論という世界があります。そこでは、一般的に〝数〟とは、〝非物質〟なのかそれとも〝物質〟なのかということの見方が出てきます。数論が成立するということは、数は物質だということになります。しかし非物質と考えると非物質にもなるものでもあります。〝数〟は、物質とも非物質とも考えることができるものだと思います。考え方次第のところがあるのです。そうだとすると前者は「物質数学」に、後者は「非物質数学」ということになるわけです。ここで物質数学というのは、何とか分かる気がします。しかし非物質数学とはどういうものなのか、こういうものが果たして存在するのか。果たしてどうなのでしょう。これがどうもありそうなのです。

数学世界に「ａｂｃ予想」という超難問があります。この難問が最近解けたと言います。日本人の天才数学者によって達成されたそうです。テレビ情報です。しかしその解法は、世界中の数学者の誰にも理解できないのだと言います。その数学者の近くにおられる方が、テレビで解説している中で、「この解法は、ヒトの認識に関係しているようだ」とのコメントとともに説明されていました。そこで私は、ピンときたのです。これこそ非物質数学かもしれないと。果たしてその真実はいかがでしょう??

もう一つ、この非物質数学に関して記すとすれば、数学世界にある〝無限級数〟の中に、いわゆる〝解釈〟というものを持ち込むことで、解が得られなかったところにそれを手にできるという世界が現れる、というものがあります。これもテレビ情報です。これなどは、私から見れば、正に非物質数学というものではないのかとの思いがします。一種の意味を込めるものです。

もう分からないので、この辺でやめることにします。

数学世界は、実に不思議です。

これら七つの意味世界すなわち認識世界は、これまでの概念からは絶対に現れることのない世界群であると思います。〝非物質〟なる新しいコトバを当てることで初めて、登場してきた新しい概念世界であるということに気づくのではないでしょうか。

6－8　ヒトの自然性保証の世界　～ヒトの善性の世界～

意味世界の分類表には「［5］ヒトの自然性保証の世界」という世界の存在を記しています。ヒトにはこういう世界もあるのです。これは、ここまでの七つの意味世界とは違った意義を持つものとして位置付けることのできる意味の世界です。非物質・物質という概念の外側にあるものとする世界となっています。詳しくは第7－2－6項で述べることにします。

以上ここまで、一応の探索結果として、存在すると思われる意味世界・認識世界を、意味世界（A）から意味世界（G）までに分類し、それぞれの世界の持つ内容について概観してきました。この他にも、もっと違う世界もあるのかもしれませんが、今のところ私にとっては、これが一応の結論としてのものです。これらの意味世界・認識世界への言及こそが、私の自由研究のハイライトとなるものです。これらの世界をつぶさに見ていくことで「人間って何だ」について、科学的事実として記述していくことが可能となるのです。

さらに物質世界すなわち物理学の世界において現在〝不思議〟となっているものや理解において〝難〟となっているもの、すなわち未解決問題として存在しているものについても、認識問題として解決することができるという結論を手にすることができます。

後の諸項で、これらの世界にまつわる具体的な内容を見ていくことにします。そうすることで、これらの世界の持つ意義が、より明確且つ明解に理解されることでしょう。

このような探索作業は、興味をお持ちの方であれば、私とは別に、自身で自由に行えるものでもあることと思います。皆さんにあっても違う視点からいろいろ研究してみてはいかがでしょうか。その結果が同じなのかまたは違うものになるのかは全く分かりません。むしろ違うことの方の期待が大きいのですが。果たしてどうでしょうか。

7　ヒトの本質と普遍性　～原理の創成・ヒトって何だ～

ヒトの本質とは何かとの問いを巡って、あらゆる哲学論がなされてきました。それらの一つでも、果たしてその答えに到達した哲学はあったでしょうか、いえ決してこれに成功したものなどないのが現実です。何故かは、ここまで読み進めてきてくださった読者の皆さまには、すでに理解されていることと思います。そう、哲学するという、ヒトが物事を考えたり思ったりするという意識行動においては、ヒトの発するどんな問いにも、客観的な答えが存在しないのだという現実（科学的事実）についてはくどくどと記してきました。

これまで私は、一般的には〝人間〟というところを〝ヒト〟と表記してきました。これにはわけがあるのだということについても、あちこちで記しています。

通常人間のことを〝ひと〟とひらがな表記をしたり、〝人〟または〝人間〟としたりします。それなりの意義があってのことです。一般的には人間を生物的位相で捉える時には〝ひと〟と表記し、一方人間を文化的、歴史的な存在として把握する時に〝人〟として区別します。我々はひとでもあるし、社会の中で人として生きています。

では〝人間〟とは何でしょう。ここはやはり、現在の、いわゆる〝ヒト〟が、1段進化したものを人間というのだと私は言いたいのです。そうして初めて、ヒトは、〝ひと〟としてまた〝人〟としての人間になるのだと思いたいからです。

現代人は、未だ〝ヒト〟という段階にあって、いわゆる〝人間〟としての地位をまだ手にしてはいないのだと、すでに何度も述べました。ヒトの意識世界や本質というものを、未だ科学的事実として語ることができない段階にあるからです。生物の頂点にいるのが人類だと考えれば、現在のヒトは、この人類を名乗ることなどまだまだおこがましいのではないでしょうか。人類とは人や人間のことを言うのです。

哲学で、この本質に迫ろうとしても、決してそこには行けない〝原理〟がありました。本質というものは、哲学の中にはないものでした。この本質は、私が本書に記してきたような「非物質科学世界」の中にこそあるものであって、この〝科学世界〟にしかないものです。あくまで、哲学なるもので語る本質は、定着できずに浮遊するものです。浮遊していることによって、哲学なるそれは、ヒトによって自己の好き勝手に悪用されてしまうものでもあるのです。ヒトは悪ですから。哲学なるものがあること自体が悪用の対象となってしまうのです。現実です。

現代人としてのヒトが、1段進化して人間に変化する余地が残っているとすれば、この科学的事実を知り、それを受け入れた時であると私は考えるものです。「人間って何だ」が科学的に記述できない以上は、ヒトが1段進化する余地が残っているのは明らかなことだからです。今の段階では哲学なるものしかしていない。これでは真の本質（科学的事実）には決して到達できません。

本書で呈示した私の非物質科学論としての結論は、これまで明確化されなかったドライな世界だということについては、当の本人も知っているし、感じてもいます。曰く、〝欲望終点〟であるとか、〝客観的な答えは存在しない〟とか、〝ヒトの脳は矛盾脳である〟〝ヒトは原理的に悪である〟といった、何とも身も蓋もない話ばかりであったことでしょう。しかし、ここで情緒に負けるわけにはいきません。

科学的事実というものは、全てドライなものです。都合のよいところだけ受け入れているわけにはいきません。客観的な答えなどないヒトの世界に、これこそが答えだとして侵入してくるのも、私のこの〝ドライ〟ではありません。しかし考えてみてください。ヒトに関するこの味気なく、冷酷で、身も蓋もない科学的事実を知らぬままに、人類は今日まで来てしまっています。

ヒト世界における今日の現実は、ヒトの矛盾性を見つめるでもなく、欲望任せの、正に冷酷な〝ヒト〟の所業の上に成り立っているだけです。ヒトは、自分に都合が悪いものや、受け入れがたいものを目の前にして吐く〝言葉〟があります。ドライすぎる、身も蓋もない、ズバリすぎるなどという言説です。情緒的解決（何ら解決ではないのに）へすり寄っていく。答えなんか出さなくていいとか答えなんていらないとの無責任への道をたどることになります。ヒトは楽を求めて欲望を満たす。しかし今こそこのような情緒に逃げるのではなく、確たる覚悟を持って、それを受け入れる決断をしなければならない。それが今です。

〝ヒト〟は、〝人・人間〟に変わらなければなりません。

そもそもヒトは何故本質を知ろうとするのか。知りたいと思うのか。

ヒトは、自身の内にある主観性や矛盾性や欲望終点を体感的に知っています。つくづく知っています。それ故にこそ、そこから何とか逃げたいのです。ヒトから人間になりたいのです。しかし逃がれる術を知りません。「人間って何だ?」というその本質を知りたい。かくして永遠のテーマとなっているものでもあります。

この本質を知りさえすれば、意義ある議論が生まれる、ヒトは互いに生きやすくなるのではないのかという大きな期待が込められているのでしょう。そのための〝本質〟です。生きやすく生きるための道具と感じているのでしょう。きっとそうです。

ヒトは、コトバを道具として意識世界を生きることになりました。ここでさらに、この本質なる道具を手にできれば、それはヒトにとっては正に究極の道具となるはずです。人為の最終行動とも言えるものではないでしょうか。

このような本質を指摘できる科学世界があるとする、私の主張について、再度、確認しておきたいと思います。これらは、1－6項、6－4項にて記しているものです。

コトバを発することで、意識現象が生じ、続いて認識現象を起こして、認識世界が生まれている。そういう意識行動を行っているのが、ヒトだということを、私が体験的に知った事実を起点にして、ここまで論を進めてきました。

さらに、この中には、ある一定的な解と言える、ヒト存在の原理なるものの存在が見えてきています。これらは、ヒトの本質に通じているようでもあるものです。

こうして振り返ってみると、これらの論述は、何か脳科学になっているようにも見えませんか。ヒトには意識世界があることや、これを起点にして、脳が起こしている事実だけを論じてきた中に、一定的な解があるということは、すなわち、一種の科学になっていると言えるのではないでしょうか。

この科学世界は、新しい形の脳科学とか意識の科学とかと言えるものと思います。物の世界における従来の脳科学に対して、物ではない世界における脳科学ということです。私の言うところの〝脳学〟世界です。

ですから、ここに〝非物質科学〟としたものは、この〝新しい形の脳科学〟であるし〝意識の科学〟でもあるということになると思います。非物質世界にも、科学世界があったのです。ここに、初めて、新しい科学世界を呈示できているものと考えるものです。

そういうことで、結局、私たちは、ここまで新しい形の脳科学、意識の科学すなわち〝非物質科学〟をやってきたということになるでしょう。それは、ヒトの脳が生み出している、確かな世界を論じてきたということです。

非物質世界の存在が、私の頭に浮かんだその時に、ここにはきっと何か新しい世界が潜んでいると、ぞくぞくっと感じたものです。以来10数年かけて、ずっと探索し続け、ここまで来ました。この私の自由研究は、新しい科学世界を呈示できているものとの強い思いの上に、論じているものです。

しかし、この〝科学世界〟は、非物質世界にあるものですから、やはり最後は、共感世界にあるものでもあります。従って、これを科学とするためには、やはり皆さんの共感を得られなければなりません。しかし遠からず大方の共感は、きっと得られるものとの強い思いを持って本書に向かっているということでもあります。

本書は、本質なる非物質科学的事実のみを記してきたものですから、本書全てが、この本質に通じているものです。そしてこれらの事実群は、全てヒト存在の原理としてのものとなっていることにも気づくことでしょう。

さて、ここからは、この科学が導いてくれている、原理群の探索へと、歩みを進めたいと思います。では早速始めましょう。

7‐1　ヒトの基本原理・本質　〜基本原理の創成〜

1‐6項の最後の部分について再録しておきます。これらは、そのまま基本原理となっているものですから、そのように扱っていきます。

①ヒトは、意識現象を起こしている。コトバを口にすることで、脳に実感が生まれて、そのコトバと実感は、そのまま意味というものになっている。

〝意味創成の原理〟である。基本原理‐1

②意識現象とは、個の脳ごとに起こっているもので、他とは無関係である。主観世界が生まれている。

〝主観の原理〟である。基本原理－2

③認識するとは、認識現象を起こして、意味世界を知ることである。意味世界は、そのまま認識世界であると同時に、そのまま意識世界である。

〝実感を通した認識の原理〟である。基本原理－3

④ヒトの脳は、特殊である。動物の脳とは全く別世界を生み出している。その脳作動は、特別なのではなく特殊である。

〝脳作動の原理〟である。基本原理－4

⑤ヒトは、もはや群れることはできない。必ず集団形成を迫られる。その集団化は、強制性を持っている。

〝集団化強制の原理〟である。基本原理－5

⑥ヒトは、自然の一部としての存在である。すなわち何らの人為的な影響を受けない世界である。このことは、保証されている。

〝ヒトの生物的自然性保証の原理〟である。基本原理－6

これらは、このままヒト存在の〝基本原理〟とすることができるものです。

この基本原理というものも、私が創り出したものなどではなく、正に創成されたものだということを強調せざるを得ません。原理の創成です。

一方、ヒトの本質や普遍性を示すことになる原理群は、この基本原理群に導かれるもので構成されているとすることもできると思います。ですから今すぐにでもこれらの原理群の探索に出かけることが可能なのですが、しかしもう1度、この基本となっている〝基本原理群〟について、その意義を再確認しておきたいと思います。

・基本原理－1　意味創成の原理

ヒトの意識世界とは、コトバを発することで、脳に意識現象を起こして、そのコトバに対応した〝意味〟という非物質世界が、実感を通して生み出されているということでした。この意味を生むということは、ヒト自ら、人為的に行っているものです。このことこそが〝知能〟というものでした。ヒトは、この意味をこそ生み出しています。この意味世界が人為の世界であることで、もはやそこは自然ではなくなっているのでした。ヒトは、自分の脳が意味を生み出すことになる〝自己脳自己変化〟を自ら達成することで、この特殊な脳に変化したわけです。そうして初めて、ヒトは、動物からヒトへと変化することになりました。

このように〝意味を生む〟ということこそが、ヒトと動物とを分けるものであって、ヒトの本質であるということになります。ヒトは、この意味創成の原理の下に、今日まで、ひたすら人為世界を切り開いてきたのです。

〝意味〟こそが、ヒトの意識世界における中心となるものです。

・基本原理－2　主観の原理

コトバとともに生み出される意味の世界は、個の中で全く自由に生み出されている世界です。この時コトバや意味は、他者には全く無関係ですから、完全な自由裁量です。他と通じ合う必要など全くないというあり方になっていることが原理です。それ故に主観ということです。

これほど自由な世界は、ここにしかなく、他には絶対にありません。このことを〝内的自由〟と呼ぶことにしました。

そして、この自由な意味が、他者の前に出た途端、直ちに否定されるものとなってしまいます。そこにはもはや自由は、完全にありません。〝外的不自由〟です。

この「内的自由・外的不自由」は、正に主観世界の典型的な原理としてのものとなっています。

・基本原理－3　実感を通した認識の原理

この意味というものは、物や物体ではない非物質としてのものであることで、ヒトの実感でしか受け取る術はないものでした。意味を実感を通して知るということは、あくまで何らかを知ったということが、〝知った感〟として生まれているだけだということです。例えば〝自由意志〟とは何かと言えば、〝自由意志感〟というものが脳に生まれているということになっているのです。ヒトが認識するという時に起こっている認識現象の実態です。

実感の原理下にあっては、全ての意味が、この〝○○感〟という形で脳に存在しているということです。しかし意味は、物や物体にも当てられるのは当然です。そこでは意味の変容が起こっているのだとも述べました。この変容を起こすには、必ず、科学現象を介した実体験が必要であって、この体験がない限り非物質意味は変容せず、非物質のままでした。ですから、物や物体に関する従来科学にあっては、この実体験の積み上げがすでにあることによって、今では簡単にこの〝意味の変容〟が達成されているということです。

ヒトは、生まれ落ちたその時から、この体験を積み上げています。生まれた瞬間の赤子は、体験がないので母親とは認識しないのです。子の目の網膜に映る母の映像（非物質）が目の前でちらちらしているだけです。〝私が母よ！〟と〝声〟や〝触れ〟たりして、この科学現象を介して教え込むから母との認識に至るのです。科学的体験を通して達成しています。そうして初めて、ちらちらする映像という非物質意味が、母という物質意味に〝変容〟するのです。

・基本原理−4　脳作動の原理

脳とは、単に行動を制御しているだけの臓器でした。動物にあっては動物行動を、ヒトにあってはヒト行動をそれぞれ制御しているものです。動物脳は物質脳ですから解決マシーンです。一方ヒトの脳は、非物質脳であることがその主体ですから、矛盾脳でした。

矛盾脳であることで、単純な解決マシーンとは違い、解決するためには必ず〝条件〟を付けなければなりません。

また脳作動を起こすには、始点が必要であるとともに、それを止める終点も必要です。始点を決めることは原理的にできません。

一方終点は、行動を止めるものですから当然なくてはならないものです。動物にあっては〝満足終点〟ヒトにあっては〝欲望終点〟でした。

このことによってヒトは、原理的に〝悪〟となっています。欲望は、悪であることが原理です。この悪とは、自然に対しても、また個自身や他に対してもともに悪であることが原理としてのものです。

ですから〝善〟なるものは、ヒトが自ら意味として、どこかから人為的に生み出さない限り、そもそもヒトの中には存在しないものです。ただ単に、普通にしていては悪でしかありません。それほどまでにヒトは悪だということは、〝ヒト脳〟が起こしている原理としてのものなのです。ヒト存在は、それだけで悪ということになります。

・基本原理－5　集団化強制の原理

主観世界を生きるヒトは、動物のような〝群れ〟にはもはやなれません。主観どうしが集まった〝集団〟となるのです。生まれながらにして親子の主観どうしが対面して、二人の集団となっています。それ故集団とは、一種の強制世界です。意味を知って意識世界を生きることになったヒトの宿命と言わなければなりません。子は親を選べません。自分の名前を選べません。参加集団を選べません。母語の強制などあらゆる強制下に置かれることになっているのです。ヒト社会には、自由などそもそもどこにもないのです。そういう中で、せめてここまでは自由にしようねと了解し合っているだけなのです。

集団の中で生きるためには、〝学習〟さえも強制の対象となっています。ヒトは学習する生物です。且つ学習させられる生物でもあります。

集団には必ずリーダーが現れます。これがない集団はありません。一対一で対面しても、必ず一方がリーダーになるのです。もしくは共同リーダーということです。ですから集団には、必ず〝リーダー問題〟が内包されることになっています。集団に問題があるということは、リーダーに問題があるのだということです。リーダーは、これから逃れることなどできないものなのです。これも、正に基本的な原理です。

・基本原理－5　ヒトの生物的自然性保証の原理

ヒトは、意味を手にして以来、人為世界をこそ生きることになりました。よくも悪くも、全て自らの人為的行動の結果としてのものとなっています。

もしもあえて自ら〝ヒト〟になったのだとしましょう。それでも、自己脳自己変化によって自ら人為物となったのですから、もはや動物のようには、自然には生きられません。しかしヒトとてやはり自然生物の一部であることを否定するわけにはいかないことも当然です。ではその〝自然性〟の根拠は、ヒトにはあるのでしょうか。もしあるとすれば、それは正に〝自然の中にあるもの〟としての何らかのもののはずだということになります。しかしそれは、ヒトの人為世界の中には絶対にないものでもあるということでしょう。そもそもヒトは自然物ではなく人為のものなのですから。

この〝自然性〟というものは、冷静にヒトというものを観察してみれば、それなりに見えてくるものです

それらは、「善」に通じているものです。自然には、悪はありません。自然はあるがままにあるだけです。このことは、一つの「観点」としてのものをヒトに与えてくれます。

ということは、ヒトも自然の一部であるという〝観点〟に立って初めて、ヒトにもあるかも

しれない〝善性〟が見えてくることが期待できるでしょう。ヒトの悪性の中に見える、かすかな明かりです。

ヒトには、感謝の気持ちや義務感、霊性（霊的とは全く別物）、満足性、非暴力、倫理、道徳、正義等々といった〝善〟に通じているものを持っていることは、信じてもいいことでしょう。これらは皆〝自然〟に通じているものであって、悪にまみれるヒトにあってさえも、その自然性を保証しているものと考えるところにこそ、その姿を現すものでしょう。

ヒトの「善性」は、この生物的自然性保証の原理の中にこそあるものなのです。

ヒトは、こういう観点を持つこともできる生物でもあります。逆に、この観点に立たない限り、この善性は決して生まれることなどないものでもあります。

さてもう一つ、この基本原理の中にある究極のものが、「死」です。これについては、ここでは触れませんが、こういう立ち位置にあるものとして見ることによって、いろいろ議論できるものと思います。皆さんにあっても、自分なりの考えを巡らせてみてはいかがでしょう。

〝自然に還って考えよう〟とはよく耳にする言説です。これを正しく理解し、受け取っているかは、はなはだ怪しいものです。この自然に還るということは、ヒトの善性を導き出すための観点としてのものだという理解を持つヒトなど、未だ世界中の誰一人としていないのではないでしょうか。

善性は自然にこそあるもので、ヒトにはそもそもないものです。そういうものをあらしめるためには、自然に還るしかないということです。

以上六つに集約してヒト存在の基本原理としてきました。この基本原理からは、多くの原理群を導き出すことができるのです。これらの原理群こそヒトの本質や普遍性を示してくれているものです。非物質科学によって〝科学的事実〟として記述できているものとなっています。

7―2　基本原理群の中にある人の原理・本質

では、原理・本質の探索にいよいよ出かけましょう。

再々申しますが、以下の言説は、私の〝哲学〟ではありません。全て〝非物質科学〟が導く〝科学的事実〟としてのものだということを強調しておきたいと思います。

前に、私は、本書は〝発見〟の書であると記しています。科学世界というものは、そもそも発見の世界です。ですからこれから行おうとしている探索も、〝一定的な解〟となっているものを、探り当てようという目論見であるということです。探索は、発見に通じているのです。

このことは、〝思考〟の新しい方法だということにもなると思います。単に自己の思いや考えを表明する思考、いわゆる〝哲学〟とは一線を画する思考法になっているものと言えるでしょう。

7－2－1　基本原理－1　意味創成の原理から

・ヒトは、コトバを発して、実感を通して意味を生んでいる。これが、意識現象である。
・この意味を知って、これを紡ぐことが、認識現象である。
・意識現象と認識現象との二つで意識の世界を創り出している。認識世界である。
・この意識現象と認識現象は、非物質現象である。従って従来の物の科学では絶対に記述することなどできない世界である。
・意識現象と認識現象は、ヒトが生得的に手にしているものである。この現象の存在をただ認めるしかできない。
・従来の物の科学世界であったとしても、そこにヒトが人為的に意味を付与するという非物質行動が関与している。故に認識問題を起こす原因となっている。
・コトバと意味は、同意語となっている。
・ヒトは、〝非物質世界〟と〝物質世界〟の二つの世界を生きている。今どちらの世界を生きているのか、意識的に考えなければ分からない。
・非物質世界とは、そのまま心の世界のことである。そこは、常に〝○○感〟が生まれているだけの世界である。

・物質世界とは、目の前の事物の現実世界である。現実の世界すなわち〝科学現象〟世界のことである。いわゆる自然世界である。

・ヒトの知能とは、非物質意味を紡ぐことができる能力のことである。意味を生まない動物に知能としてのものはない。ロボットや機械も同様。

・動物に、意味は生まれていない。それ故に動物脳は〝物質脳〟である。単なる反応の世界を生きている。それ故に自然でいられる。

・意味は、〝記憶〟と一体で紡がれる。

・記憶とは、意味を貯えるものである。従って動物にはない。動物にあるのは、それに代わる〝反応源〟である。

・現在、人工知能（ＡＩ）として記述されているものは、いわゆる〝知能〟ではないもの。それは、単なる〝機能〟というものである。いわゆる〝人工機能〟がその実態である。データという〝物質〟を処理する道具でしかないものである。

人々の理解を誤らせてしまっている。知能という〝非物質〟を機械は、そもそも扱うことなどできない。だからシンギュラリティは、絶対に起こらない。

ＡＩついでに、生成ＡＩについても記す。これは、単なる「贋作制作機」である。しかも世界中にあるビッグデータという情報を盗み取り、知らん顔して、その機能を達成しているもの。このビッグデータなしに、成立し得ないもの。いかに本物らしくあったとしても、本質は〝贋作〟であることで、そこに〝本物〟は〝絶対〟に存在しない。これとて「超高機能機械」でしかないもの。ヒトが、このような〝物〟を使うなどということは、正に〝ヒトの劣化〟などを超えたところにある、〝人間〟をやめるというところまで行っていると言えることだ。念のため。どのように規制しようが、贋作は贋作でしかないもの。

・ヒトは、もはや本能をなくしてしまっている。しかし動物本能の中で最も強い「恐」本能を〝意味〟として知ってしまっていることで、最強の〝疑似的な本能〟となってしまっている。

・意味は、ヒトの数だけある。ヒトの〝多様性〟の源は、ここにこそある。一人ひとりが自由に意味を生んでいる故。この多様性こそが、ヒトがヒトとして存在することの最大の原理である。多様性なくしてヒトは存在し得ない。

7－2－2　基本原理－2　主観の原理から

・意味は、個の頭の中で、自ら、完全な自由の下にまたは勝手に生み出しているもの。他とは全く無関係に。〝内的自由〟である。

・個の生む意味は、それ自体個の頭の中だけのもの。故にそれは、他に対しては〝屁理屈〟でしかないのがその実態である。それ故に主観である。
・この内的自由が、ヒトの多様性の源である。一人として同じヒトはいない。
・意味は、必ず外部すなわち集団に出てくるもの。他の自由と対面する。途端に完全に不自由となる。〝外的不自由〟である。
・内的自由・外的不自由原理である。
・内的自由であることから、世界の事物を知ろうとする時、〝もしかして〟という前提条件を敷かないと、そもそも論を始めることができなくなっている。そうして始めた論は、このもしかしたらという条件に応じた限定的な世界が現れるだけである。ヒトが知り得るのは、この限定世界だけである。それ故にヒトは、〝世界の総体〟を知ることはできない。限定世界性原理である。

7-2-3　基本原理-3　実感を通した認識の原理から

・意味なるものは、物ではない非物質としてのものである。従って意味世界は、ヒトの実感を通してしか記述できない世界である。逆にその意味世界は、実感を通すことによって知ることができる世界である。
・ヒトの実感世界にあるその意味は、常に「〇〇感」として脳に生まれているもの。

・ヒトが何らかを知ったということは、脳にこの「知った感」が生まれていることで知っているもの。
・意味は、そもそも非物質としてのものではあるが、目の前の物質に当てることで、それは物質意味となる。意味は変容する。この変容は、順、逆と方向性をもって起こる。
・意味は、変容することで初めて、物質世界を記述することができる。これが従来の物の科学世界である。順変容である。非物質から物質へと。
・意味が順変容するためには、ヒトの実体験または、実験・観測を必要とするもの。すなわち科学体験である。これがない限り変容させることはできない。
・ヒトの芸術行動や映像制作は、逆変容と言える。物質から非物質へと。
・ヒトの世界には、認識問題という問題世界が存在している。それは、非物質世界の存在を未だ知らないからである。
・ヒトにはできないことがある。何でもできると考えることは、ヒトの認識世界にあっては誤りとなる。不可知原理がある。

7－2－4　基本原理－4　脳作動の原理から

・脳は何をしているのか。それは、動物脳は〝動物行動〟を、ヒト脳は〝ヒト行動〟をそれぞれ制御しているものである。脳は、これ以外のことは、やっていない。これで全てである。

・脳には、動作を始めるスウィッチとそれを止めるスウィッチがある。始めるそれは原理的に特定できない。常に何となく始まるという、行動始点である。

・止めるスウィッチは、動物にあっては、〝満足終点〟、ヒトにあっては〝欲望終点〟となっている。

・動物脳は、物質脳であることで常に答えがある脳である。〝客観脳〟。

・ヒト脳は、非物質脳であることで答えのないもしくは条件付きの答えしか存在しない脳である。〝主観脳〟すなわち〝矛盾脳〟である。

・客観脳世界（動物）と主観脳世界（ヒト）は、全くの別世界となっている。

・ヒトの脳は、自己脳自己変化という変化方法で変化した。すなわち自分の脳に、自ら手を加えることで、人為的に変化させた脳である。ヒト脳の矛盾性はここにこそある。

・自己脳自己変化は、コトバを生み出す変化であった。このコトバの誕生が、人類の誕生のその時である。

・ヒトの欲望終点は、このことによってヒトの存在が、それだけで「悪」となっている。ヒトは、黙っていれば悪である。「善」はどこかから持ってこなければそもそもないものである。

・脳という〝物〟を知ろうとする現在の脳科学では、ヒトの意識なる物ではないものすなわち非物質について知ることは決してできない。

7－2－5　基本原理－5　集団化強制の原理から

・ヒトは、一人では生きられない。と言うよりヒトは、集団形成を強制されている。それは宿命である。集団化強制の原理である。
・ヒトの最小集団は、二人である。民族の原型である。民族の源は、ここにこそある。
・集団には、必ずリーダーが存在する。ない集団は、そもそも存在しない。
・集団の問題は、そのまま〝リーダーの問題〟である。リーダー問題が解決しないと集団の問題は解決しない。解決できない。
・個は、内的自由であるがゆえにリーダーの〝支配〟は否認するもの。支配は、拒否されるもの。〝支配〟・〝独裁〟の排除である。
・個は、外的不自由であるがゆえに、リーダーの〝統治〟は受認する。〝民主〟の源である。統治（民主）とは、集団化強制を解消することを保証するものである。唯一のものである。
・ヒトが自由を希求するのは、外的不自由下にあるからである。それ故、究極のものとなる。
・ヒトは、母語強制によってコトバを習得している。民族（集団）の基本である。
・教育・学習も強制下にある。ヒトは、学習次第で形成されるもの。

・暴力は、何故否認されるのか。それは、〝支配〟に直接つながっているからである。暴力を自己から見れば、支配を目的に行使する。他者から見れば、支配に向けて行使される。

・支配すなわち独裁は、暴力がないと達成されない。支配と暴力は同意語である。

・独裁は、ごく簡単に達成される。暴力があればいいだけ。知能はいらない。

・支配は、ヒトに唯一ある〝疑似本能〟の〝恐怖〟と直結して成立しているもの。

・支配に通じる武器は、否定されるもの。武器は、暴力以外の何物でもない。

・国家武力こそこの暴力である。〝他国の支配〟へ直接向かっているから。警察力とは自ずと違うものである。地球警察がない世界にあるのが国家だからである。

・国家武力は、地球警察力が存在しないことで成立する概念世界である。もしこの地球警察があれば、この国家武力は、当然制御されるもの。もしくは排除されるもの。

・武力をもって国家が存在するということは、地球警察力がないことによって、いわゆる暴力団という反社会集団のあり方と全く同じ態様となっている。国家武力は、国家どうしの縄張り争いを目的としているもの。

・独裁国家どうしの関係は、親分、子分の関係にしかならない。そうしかなれない。縄張り争いを、親分が、コントロールすることになる。

・共産概念は、何故独裁に向かうのか。共産とは、個の内的自由を制限することで成立する概念だからである。積極的な制限である。この制限ができるのは、「神」という〝非物質〟においても他にはないはずのところへ、リーダーが、自ら〝人間神〟なる〝物質神〟となって「神」を演じることになるからだ。この物質としての〝人間神〟こそ、独裁リーダーということである。ヒトは、悪であるという原理に従って、人間神は、そのまま悪を体現することとなる。〝独裁〟は、それだけで〝悪〟である。

・集団運営における資金は、会費または税金によること。献金、お布施は禁止されるもの。民主を保証するために。

7－2－6　基本原理－6　ヒトの生物的自然性保証の原理から

ヒトは、そもそも〝人為物〟として現れ出たものではあるのですが、しかし依然として〝自然物〟としての存在でもあります。このことは否定できません。そこでこの自然生物であることを表明しようとする限り、そのヒトの自然性の中には、そもそも悪とか善というものなどはないはずなのですが、しかしヒトにあってはやはり悪だけは原理として存在します。

では、人為物であることによるヒトのこの悪性を超えていくなにがしかのものがあるとすれば、やはりそれは悪のない自然性に求めることでしか達成できないのではないかということになります。すなわちヒトも自然の一部であるという〝観点に立つ〟ことによって、何とかそれを手にしなければならないということです。それ以外に、ヒトに〝善〟がその姿を現すことはないということでしょう。

さて、こうしてここに現れたヒトの善性について言及できる世界に目を配ってみれば、これは明らかに、今まで見てきた非物質、物質の概念とは異なる世界だと言えるでしょう。いわば、善性の世界は、これらの世界の外にあるものと言えます。

善性というものも正に非物質ではあるわけですが、今まで述べてきた人為としての非物質とは自ずと違うものです。善性の持つ非物質性はこの人為などでは全くないものであって、基本原理－6の中にただあっただけのものです。

そういうことで、このヒトの善性が宿る世界に名前を付けてやりたいと思います。〝善性の世界〟〝自然性の世界〟または〝自然性保証の世界〟と言ったあたりでしょうか。私にとっては、最後のものあたりが理屈っぽくて好きです。

「自然性保証の世界」と呼びましょう。

こういう論述も一種の発見です。私の思いや哲学では決してありません。

このことこそが、ヒトの善性を保証するものとして唯一、この基本原理6の中に求めることができるものだということになります。ヒトの善性は、ここにありました。ここにしかありません。そもそもヒトの善性は、このようにか細いものなのです。

ヒトが、真に自然の一部だと主張するためには、この観点に立たなければならないことを知らなければなりません。

このヒトという生物は、ひたすら人為世界を生きることで、自らの自然性など意に介することなく、むしろそれを打ち消すことでここまで突き進んできました。そして今、そこにヒトのかすかな自然性を拠り所として、善性を何とか生みだそうともがいているかのように見えます。自然は、善でも悪でもない〝あるがまま〟ですが、少なくとも悪はないというただ一点は、ヒトにとって最も重要な「観点」としてのものです。ヒトは、〝ヒトの生物的自然性保証の原理〟を強く信じることから始めなければならないのではないでしょうか。

7－3　さらなる原理・本質を探して

ここまで、基本原理群を中心としてそこから導かれる原理群を見てきましたが、これらの他にも、もっといろいろなものが探索できることと思います。この探索は、誰にもできることですので、皆さんにあっても、自由に楽しんでやられてみてはいかがでしょうか。思いがけない発見に出会うことになるかもしれません。

さてここからは、これまで哲学的に語られてきたいろいろな具体的なテーマについて、この非物質科学が示すことのできる原理としてのものについて、いくつか取り上げて、言及してみたいと思います。

ここには、探索すべきテーマが、あふれています。いわゆるこれまで哲学の対象となってきたもの全てが、それにあたります。非物質科学を用いることで新しい思考法が開発され、それらを駆使して、一定的な解を求めていくことが可能となっていると思います。今後広く開発されることを願うものです。

7-3-1　人権って何だ

ヒトの最大の特性は、一人ひとりが意味というものを自分の脳から生み出しているというところにこそあるものでした。これこそが個性です。ヒト皆違うということは、ここにこそその元があるのです。ヒトに多様性が生まれる源になっています。この多様性があってこそヒトは存在しているのだということになります。ですからこの〝多様性を保証するもの〟こそ、「人権」というものと言えるでしょう。

ヒトがヒトたることを保証してくれているものがこの人権です。人権なくしてヒトの存在自体、保証されないのです。すなわち人権と多様性は、同意語となっています。

比べるまでもありませんが動物には、この多様性など全くありません。あるのは、群れ性と個体性があるだけです。動物には、ヒトのような個性などなく、あるのは個体性を現す〝個体差〟があるだけです。ヒトのあり方は動物とは全く違ったあり方であることなど、明確です。

人権については、これまで哲学的且つ経験的に捉えられることで、何となく大事なものとされてきただけで、その根拠など見ようとしても見えない、ただそう思う、考えるというだけのものとされてきたものではないでしょうか。そういうことでそもそも人権などと言ってみても、今の地球上にあふれかえる人権侵害状況を目の前にして、ヒトは、ただ立ち尽くすしかできない状況にあるわけです。

しかし人権とは、ヒトの多様性のことと分かってしまえば、これらを大事にすることこそが、人権を守ることに直結しているのだということを知ることができるでしょう。人権をないがしろにする行為は、正に〝ヒト〟ではない〝人でなし〟のやることということなのです。多様性は、ただただ大事にすることしかできないものでしょう。

この多様性とは、個に始まり、家庭、地域、民族、国へと広がり、地球や宇宙にまで含まれる概念です。こうしてヒト存在を保証しているものこそが、この〝人権〟であり多様性だということになります。

人権とは何だと言えば、ヒトが存在することの原点であり且つヒトの多様性を認め合うという、ヒトがヒトを始めるにあたっての〝最初の合意〟なのだということです。

基本原理が導く、ヒトの原理・本質としてのものでしょう。

7－3－2　義務って何だ

義務という概念も、本来は、善性に通じているものとして、自然性から来るものでしょう。しかし普通義務と言えば、この義務は、何らかの権利を得るためのものとして位置付けられます。ではこの普通の義務は、明らかに物質としてのものとなっているものと言えるでしょう。権利を手にするための〝物〟になっているからです。

では、自然性から来る義務とはいったい何なのでしょうか。それは、やはりヒトの善性に向かうものです。ヒトの生物的自然性保証の原理の観点から導かれるものだということです。淡々と自然の中にあるもの、これが〝自然性の義務〟です。自己の内面から、自然のものとして自らが生み出しているもののはずです。何ら権利を目指すことなく、ひたすら奉仕や献身等々に通じる概念世界のものでしかないものです。

この自然性の義務の世界も、「自然性保証の世界」ということです。

まさかこんな理解をしているヒトなど、この世にはまだいないかもしれません。しかし自分に義務感があることは、等しく誰もが認めるものでしょう。そうです。この〝義務感〟こそが、この〝本質の義務〟というものです。これは、正に善きものへ通じている義務感のはずです。これこそ、ヒトの自然性から生まれ出るものなのです。こういう義務感というものは、人為の物では決してありません。そのヒトの内面に備わっている物であると同時にそのヒトに自然から贈られた贈り物でしょう。

ヒトの善性は、正に「自然性保証の世界」にあるものです。

権利のための義務には、個の悪性が宿っています。あくまで自然性から来る義務は、自然のものとしてのそれであって、自己から出てくる一方向を向いているものなのです。それは、ボランティアであったり、奉仕であったり、感謝であったりと、一方向のみに作動しているものです。

こういう世界にあるものとしての義務の存在を、このような非物質科学によって、事実として知ることには、一定的な重要な意義のあることと、つくづく思うものです。

一人ひとりが考えることのできる原理・本質の世界です。

7-3-3　平等って何だ

この平等という概念にも、「自然性の平等」または「本質の平等」と物質世界にある平等の二つがあると言えます。そもそもヒトの世界にあるのは不平等です。平等などというものは初めからないものです。これが原理としてのものです。

例えば子供が生まれた瞬間、親と子という二人になります。ここにすでに不平等概念が生まれています。お互いにヒトとして平等でありたいねという関係にあるのです。二人の間には早速多様性が生まれているからです。

さてこの二人が対面した途端、この二人の間には、強弱関係というものも生まれています。必ずこうなってしまいます。避けられません。これも多様性から来る不平等です。正に原理です。この時、強の方が引かないことには平等はそもそも存在できません。弱の方に強を求めるのは、原理的に存在しません。赤ん坊が親を超えることなど、絶対にありません。

しかしここで強者が持ち出す自己責任平等があります。これは強者が求める平等でしかないものであって、こうやって強者が勝手に作り出す平等は人為の平等です。この自己責任から来るこの人為の平等は、物質世界のものとなっているということです。物となってしまった平等は、あれこれ矛盾世界を呈するだけです。非物質としての平等感というものは、自己から一方向へ向かうだけの平等概念となっています。

自分が強だと思うところは、引けばいい、ただそれだけです。この引くことができることこそが、ヒトの自然性から来る平等なのです。

以上の原理からして、自己責任平等概念は、消滅します。

現代にあって、この自然性によった、自然としての平等こそが求められているのではないでしょうか。

このことも基本原理から導かれたヒトの原理・本質です。

7−3−4　矛盾を超えて行く道

私はこれまでヒトの矛盾性を散々あげつらってきました。もしそうだとしたら、ではいったいどうすれば、そんな矛盾を超えて行けるというのかとの思いを強くしておられるのではないでしょうか。当然のことです。ここで少し探索してみましょう。

矛盾を超えるということは、ヒトの善性を体現するという期待につながっていると言えるでしょう。すなわちヒトの悪性を超えて行くことでこそ矛盾は超えられるのですから。そもそも矛盾とは、ヒトの悪性がもたらすものです。ヒトの善性は、やはり自然に求めることでしか達成されません。

そもそも自然とは何かと言えば、それはただただ変化をしている世界だということです。自然にあるものと言えばこの変化だけと言ってもいいくらいです。止まっているように見える宇宙時間でさえ永遠に向かって時を刻んでいるのです。決してその歩を止めることはありません。自然は無為の変化の世界です。そしてこの自然変化の先には必ず〝無為のバランス〟が生まれています。ヒトはここから学ぶことができるのではないでしょうか。

そうです。ヒトもこの変化を起こすのです。この変化こそがその鍵となっているものでしょう。しかもそれはヒトが自然に変化していくなどというものではなく、そうではない積極的な変化をヒト自身が自ら起こしていくという道です。矛盾を超えることができるのは唯一この変化によってのみ可能となるのだと言えましょう。泣いたり悔しがったり、諦めたりと矛盾をやり過ごしたところで、一時の解消になるだけで、そこからは真の有意義な何かしらなどを得ることはできません。

ヒトは有意の世界を生きています。変化の先を見ています。その先にあるものは、やはりバランスというもののはずです。〝有意のバランス〟ということです。本来あるべき地点というものは、あくまでこのバランスなのです。夢や希望や理想というものは、そういう一点にあるのではなくバランスの上にこそあるものでしょう。矛盾を超えるためには、変化とバランスが一体で求められているということです。このバランスを中心に置き、それへと向かう交代的な変化をしていくということになるでしょう（**イメージ図7**）。

このような変化方法は〝交代変化則〟とでも呼んでいいものかもしれません。

ヒトの行いは、その良し悪しで測られるものでは決してありません。あくまでバランスに視点を置かなければならないことです。ここでも鍵となるのは、このバランスなのです。ヒトの世界のものですから有意のバランスです。個は個欲の中にいる、一方社会には答えがない。こ

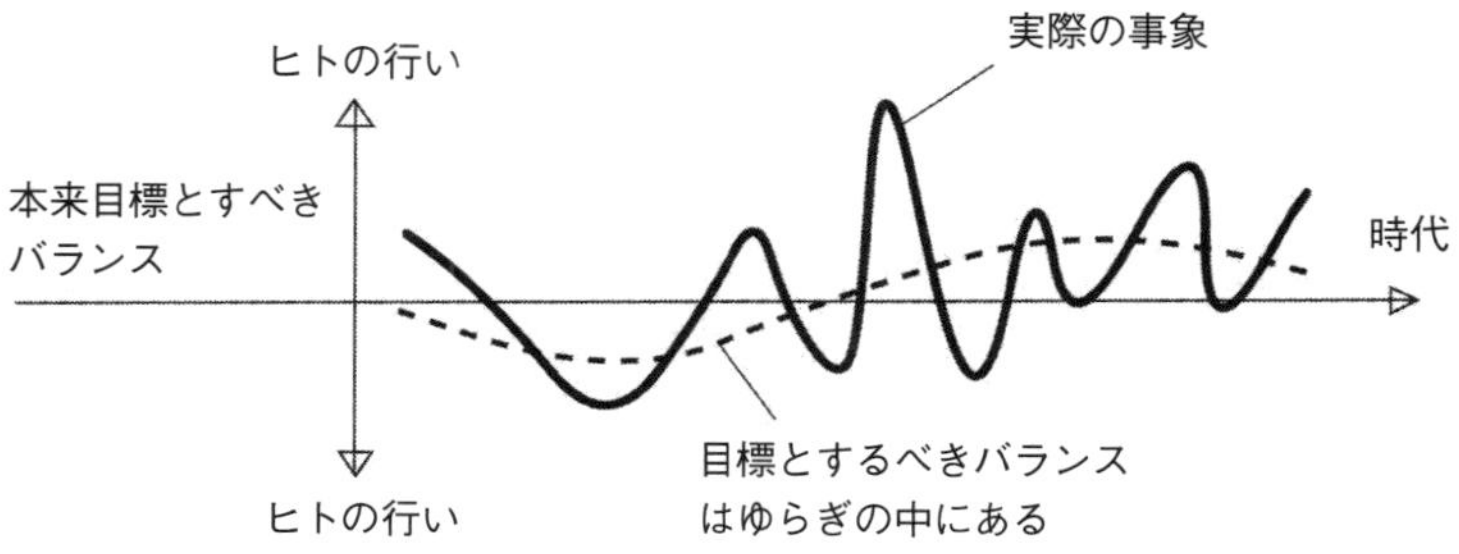

◉ イメージ図7（交代変化則）

んな世界で、一方向へしか向かわない欲こそが、バランスを崩すのです。そうなったら元の方へ戻してやればいい。このことは、個にあっても社会にあっても全く同じことです。個も社会もともに欲にまみれているのですから。

そうした中で矛盾は、現実の事象となって現れますが、それを交代的な変化を積極的に起こすことで、バランスを達成するのです。一方へ偏りすぎたらそれを戻してやる。戻しすぎたらまた偏ってしまう。またそれを戻す。これの繰り返しです。これが交代的変化というものです。交代変化則の原理とでも言えましょう。

正しい答えを求めようとするこれまでの発想（哲学）は、そもそも誤りなのです。ヒトの世界に答えなどそもそもないことなど、私たちはもうすでに知っています。そういう世界で答えを得ようとすることは誤りとなってしまうのです。哲学で答えを出すことなどできません。

ヒトは常に矛盾にぶち当たり四苦八苦の連続です。自らの身を右に左にとかわしていく変化以外に、これに立ち向かう道などないのです。どうせ変化しなければならないのならば、むしろ自ら積極的に変化を起こしてしまう方がよいことは明らかだということです。

本来あるべき地点としてのバランスとて時とともに変わるものです。その都度変化の方向もそれに向けて変えていくのです。ヒトであっても、自然と同じように変化の中にしかいないものです。これもヒトの自然性です。

この変化には、さらに別な意義もあります。このことについても触れてみましょう。

自然の変化というものは、一心不乱未来を見ています。決して過去には目は行っていません。自然に過去はありません。未来しか見ていないものが自然の変化というものです。

このことはヒトにも、同じように言えることです。ですからヒトにとっても変化するということは、言い換えれば未来へ歩みを進めるということです。未来は変化でしか手にできないものとなっているのです。未来を手にしたいのなら変化するしかないということです。このことも自然が教えてくれているものです。私の考えなどでは決してありません。念のため。

変化には実に大きな意義があると言えるのではないでしょうか。

私は、自然界に進化という概念はないものと考えます。進化というコトバには何かよい方向への変化という意味合いが込められているからです。自然界にこの進化はありません。ただただ変化があるだけです。

しかし、ヒトは悪で矛盾にまみれ、答えなど手にできない世界を生きる生物であるということを知ってしまった今、我々ヒトが人・人間へと変化することをあえて〝進化〟とすることには大いなる意義があると言えるのではないでしょうか。ヒトは悪であり且つ矛盾にまみれている、このことが原理であるということを真に理解し、その事実を受け入れた上で、この積極的な交代的変化を起こしていくことができる人・人間の誕生こそが、今求められているのだと強く思うものです。

7-3-5　本章の最後に

ここまでヒトの原理に導かれる世界を科学してきました。そしてこれら以外のあらゆるテーマについても科学的に記述できるのです。これまでの哲学は、ある意味で全く無意義なことだったと言っても言いすぎではないものと私は思います。

皆さんにあっても、この非物質科学を用いることで、ヒトの原理・本質をもっともっと明らかにしていっていただきたいと思います。

そうして初めて「ヒト」は「人・人間」に進化するのです。


ヒトという生物は本当に特殊な生物だとつくづく思います。

ヒトの行いは、心身ともに、何から何まで人為のものとなってしまうのです。老荘思想にある〝無為自然〟などは、正に科学的事実としてのものです。しかしこれだけではやはり哲学ですから弱いのです。哲学から1歩出て、今私たちがやっているような科学にする努力こそ、ヒトに求められているものではないでしょうか。

主観世界とは真に恐ろしい。だからと言って、この先ヒトが人間たる次の生物へと進化していくのを静かに待つことなどできません。せめてヒトたる生物の原理・本質を知ることで、現代のヒト全てが、真の人・人間へと進化することを目指して努力しなければならないのではないかと思います。私は大いに期待を寄せるものです。

私はすでに82歳を迎えた老人です。ヒトの本質に想いを寄せて早や10数年。

地球上の全てのヒトに本書を捧げたいと思っています。老いも若きも、ヒトの本質に触れて、「ヒト世界」を1段進化させ、真の「人・人間世界」が出現するように、一人ひとりが尽力されることを期待するばかりです。

8　意味世界における文系世界

この日本においては、一般的に文系、理系というように世界を分けて捉えることが普通に行われています。海外においてもそうなのかは、分かりませんが、しかしこの分け方には、一定的な意義があるものです。

もうすでに何度も述べてきましたが、文系世界には、条件を付けないと答えは得られないという原理が存在しています。一方理系世界においては、必ず一定的な答えが存在するということれも原理下にあるということでした。

本章は、このような文系世界についての理解をさらに深めることを目標に記述するものです。

さてこの文系世界とは、意味世界（A）および意味世界（B）の二つの世界のことです。第6章で記した意味世界の項を参照してください。

先ずこの二つの世界について再確認しておきましょう。

意味世界（A）とは、哲学・文学・心理学・宗教・芸術・脳学（脳非科学）等々の世界のことです。一方意味世界（B）とは、経済学・社会学・統計学等々の世界です。

これらの世界は、条件付きの答えしかない世界となっています。このことは本当に重要な原理としてのものなのですが、未だ科学的事実だということが理解されていない、すなわち知識として知られていない段階にあるのが現実ではないでしょうか。何となくそうなのかなといった段階にあるものと思います。しかし、このことが科学的事実なのだということができれば、これまでとは全く違う世界が現れるはずです。

意味世界（A）すなわち文系世界の主役である哲学世界について先ず見てみましょう。

哲学は、古代ギリシャに始まって以来、このことを全く知らないでいるのですから、何か哲学をすれば答えが得られるのだという一種の強迫観念ともなっているかのように、現在にまでこの答探しが延々と続けられているというのが現実です。あまりに答えに到達できないものですから、答えを求めないのが哲学なのだといった言説まで現れるわけです。条件付きの答えしかないということを知ってさえいれば、しからばその条件について議論すればいいのだというところへ行くことができるのですが。

意味世界（B）の主役にも登場してもらいます。それは、経済学です。この世界も、意味世界（A）と同じで、条件付きの答えしか手にできない世界です。非物質世界なのですからこうなってしまいます。ですからどんなに高等な数式を駆使したところで、この原理から抜け出ることは、絶対にできません。数式があることで何か答えが得られているのだとの誤った認識になっているだけです。ですから高度な数式をもって新しい金融商品を開発はするのですが、その裏にあるはずの条件になど目をやることなど全くなく、もしくは条件のあることなど知らずに世に出てくるものですから、最後にはバブルになって、破裂、消滅してしまうのが落ちなのです。

これらに比べて文学などは、最初から答えなど求めることなどない世界であることで、ヒトの世界を問題なく表現できることで、ノーベル文学賞の対象になれているのでしょう。しかしノーベル経済学賞が設定されていることには、いささか疑問のあるところです。現に受賞した経済理論が、バブルを生んだ正にそれだったのですから。もう笑うしかないことなど、あまりに寂しいことではないでしょうか。

経済学には、数式があることで、いかにも答えがあるかのように見えているだけであって、その答えのようなものには、実は条件が付いていたのです。ヒトの世界に不用意に持ち込むことで、このような誤りや無知が露呈されてしまうということです。

このように、これら意味世界（A・B）では、無条件で答えを手にすることなど絶対にできないのだということを、科学的事実としての知識を頭に叩き込んでおかなければなりません。この〝答はない〟という知識があれば、ではどういう議論ができるのかといった観点に立つことができるはずです。無駄な話はしなくていいのです。〝人間って未完成な生物だ〟などという言説に出会ったことなど皆さんもたびたびあるのではないでしょうか。そうです。この意味においてヒトは、〝未完成〟だったということです。〝人間〟は、まだ〝ヒト〟だったのです。

この条件付きの答えしかないという科学的事実は、正にヒトが認識世界を生きるようになって以来、原理として手にしてしまった一種の特殊な世界でもあります。言ってみれば宿命としてヒトに負わされている原理とも言えるでしょう。ですからこの事実を真に受け入れる姿勢が絶対に必要なのであって、これを受け入れて初めてヒトは人・人間に進化するということは明らかなことです。未完成なものだなどといった情緒に負けていては、いつまでもヒトはヒトのままでしかないということになります。

8－1 哲学について

この哲学については、もうすでに述べました。しかし、さらに、あえてここで言及するのは、過去の哲学世界の現実を見ておかなければならないと思うからです。そうすることで文系世界の原理・本質がさらに明確になり、未来を見据えた意義のある議論が生まれるのではないかと思うからです。

そのためには、哲学世界において最も重要と位置付けられている三つの書について見ておきさえすれば、もうこの世界の何たるかを知るには充分なものとなるでしょう。

これら三つの書とは次の三つです。あまりにも有名なものです。

X. カント　「純粋理性批判」
Y. ハイデガー　「存在と時間」
Z. ヘーゲル　「精神現象学」

この三つの書を見ていく前に、哲学の歴史について少し見ておきましょう。それは、古代ギリシャに始まって以来、哲学者が何かを論じると必ずそれが否定されてしまうという歴史でした。無条件の答えはそもそもない、答えと思うそれは、その人の答え感でしかないものですから、他にとっては何ら答えなどではないものだという科学的事実を知らないで論じているものですから、最後には必ず否定されてしまうのは当然なだけだったのです。あまりにも否定されてしまうものですから、ではこれなら否定されることはないだろうとして、デカルトは、「我思う故に我あり／コギト・エルゴ・スム」としました。しかしこれとて否定の対象となってしまって、あわてて心身二元論に逃げたのですが、これもまた否定されてしまいました。これは、哲学で答えを提示できないことを示す格好の例となっているものにすぎないものと〝私〟は思います。

そこに、このデカルトと同じフランスの哲学者フッサールが登場します。彼が言ったのは、絶対に否定されない現象があるぞと。それは今、自分に何かが見えてしまっている、聞こえてしまっているという現象は誰も否定できないものであろうと。これを意識作用が生まれているという捉え方ができるということで「現象学」という哲学を立ち上げました。

さてこの意識作用が生まれているという捉え方は、今私たちがやっている非物質科学における「意識現象」そのものだったのですが、しかしフッサールは、これが科学的事実としてのものだということには気づけていなかったが故に、その先に有効な論を組み立てることは全くできませんでした。せっかく意識現象に気づいたのに、哲学解釈の中にそれを置いておくだけだったことで、哲学としてもとても完成させることにはつながっていかなかったし、そうなるはずもないものだったのです。

さて三つの書を見ていくのですが、何故この三つになるのかを知るために、哲学世界を分類してみましょう。まあ二つに分類すれば充分でしょう。一つは重い哲学、一方は軽い哲学の二つです。

この三つの書は、重い方のそれだと言えます。他のもろもろの哲学論は、これに比べてみれば、軽いものとなっていると指摘できると思います。

この三つは本当に重い、実に重いのです。哲学的哲学論であることで本格的な哲学の顔をしているのです。一方の軽い方のものはと言えば、評論的であったり、エッセイ風であったり、時代に合わせたファッション風だったりと何らかの答えらしきものを提示してくるのです。しかし、そもそもそこには答えなどないのだということを知らないものですから、ああだ、こうだと自己主張にしかなれていないものです。

そもそも論じるということは、何らかの答えを求めるということですから仕方のないことではあるのです。しかし、そうは言ってもと言ったところでしょうか。

そのようなことで重い哲学の方には、一心不乱答え探しをしまくったという勢いがあるのです。しかしないものだから重く、重くなってしまうわけです。

さて三つの書について見ていきましょう。

X. カントの「純粋理性批判」

この書を重要な書だとする評者は、そもそも答えなどないということを知らないのですから、答え探しをこんなにも重くやっている書は、価値が高いのだという認識に至っているのかもしれません。「理性」というものにこんなにも思いを込めたのですから、答えにはならない答えらしきものを追求するその姿に共感してしまっているかのように私には見えます。

哲学の特性が全て詰め込まれている哲学書であると言えます。ヒトの思考の世界に答えのないことを、そもそも知らずに悪戦苦闘した結果のものだったと言っていいでしょう。何とか答えを見つけたいものと、あんなに難しく、大量に記述することになってしまったものです。この本を正しく読み解きカントの言いたいことを真に理解することなどできるのでしょうか。多くの研究者がいて、それぞれあれこれ言ったところで、そこには答えなど一向に見えてこないのですから、研究の結果は何も分からなかったということになるはずのものだと私は思います。

そもそもこの哲学書は、答えを探すことを目的としている書です。ですから結果として答えを出そうとして出せなかった書なのです。

何故こうなるのかはすでにお分かりのことでしょうが、くどくどと記してみましょう。

意識するとか意味を知るとは実感していることでした。即ちヒトの頭に浮かんでくる答えと思っているものは当人にとっての〝答え感〟という〝非物質〟としてのものでしかないものだということを思い出していただきます。答えという〝物〟があるのではないのです。この答え感は、個のものですから、共感されない限り、必ず否定の対象でしかありません。すなわち答えにはなれません。

ヒトが物事を考えるということは、常にこの答え感というものを実感しているだけだということになっています。だからいくら考えたとしてみても、ヒトが生み出せるものは答えそのものではない〝答え感〟ということになっているのです。だからこそカントでさえも答えなど提示できなかったわけです。当然のことだっただけです。まあ共感が得られているところだけが、その共感者にとっての答えだったというだけのことです。

ヒトの不条理は、この答えの出せない世界にこそあるものです。不条理を追い払うには、答えがなければならないのですが、しかしそれは所詮ないのです。ましてやヒトの脳の思考の終点が欲望終点となっているのですから何をかいわんやの世界です。

ヒトの脳の生み出す主観世界を記述しようとすればするほど、その悪性に対抗するものとして、カントの言う、いわゆる純粋理性と呼ぶ倫理道徳が登場してくるのは必然なのでした。そうした上で、この純粋理性を実現させる理論として「実践理性批判」なる書まで著していいます。ここでは「こうあるべき」という主張をすることになっているわけです。

要するに、理論編と実践編ですから哲学っぽいのはどうしても理論編の方になるわけです。このように哲学論の最後には何らかの啓蒙論が登場して最後を迎えるのが常です。

結局、哲学論というものは、原理的に「自分はこう思う、そう考える」という自己主張になっているだけのものだということです。ここから外へは出られません。ですからここから出て、何らかの答えを提示しようとしても、それは絶対に叶わぬこととなってしまっています。

正にヒトが持つ宿命です。不可知原理があるのです。

答えにするためには、必ず条件を付けてやらないとそれには絶対になりません。

この事実こそ、ヒトが認識するという世界における「原理」です。

Y．ハイデガーの「存在と時間」

ここまで私たちは、非物質科学というものをやって来ました。ヒトの原理についても、いろいろ見てきました。ですから今の私たちは、すでに、ヒトの世界に〝非物質世界〟があることは、もう知っています。しかし今ここにいる私たち以外のヒトにとっては、まだこのことを知りません。ですから何かしら存在するものを知ろうとする時、物質の世界にあるものは、すぐに知ることができても、非物質の世界にあるもの、例えば心だとか精神だとかいうものを知ろうとすると、すぐに不思議となったり、抽象的になったり、イメージになったりと、的確に言い当てることができないでいます。

この時間の存在については、すでに1－4項で結論として述べています。再度記してみましょう。それは全く簡単な話でした。時間は、非物質世界にあるもので、物質世界にはないものです。これだけです。

しかし実際に、今あなたが時間って何かを知ろうとすると、それはあると言えばあるのに、ないと言えばないものであるというのが本音でしょう。すなわち不思議なものとなっているのが現実だと思います。ですから当のハイデガーにとっても時間の存在という「存在」なるものが、どうしても不思議なものとなってしまうものですから、この存在や時間というものについて何とか言い当てようと哲学したわけです。

この時間の存在については、他の哲学者や物理学者にとってさえ、哲学すなわち考える対象としてお誂《あつら》えのテーマとなるものの代表です。

時間も存在も非物質としてのものですから非物質という概念を持たないと記述できないものです。私たちは、このことをもう知っているということです。

さて、そうやって論じた結果、ご想像のようにやはり答えとしてのものは手にすることはできませんでした。当然ですね。

そもそもそこは、非物質の世界である上に、答えはない世界ですから。

非物質を知らずに、且つないことも知らずに、あるものとの一途な思いで進められる論は、一種の空回り状態となってしまい、難解な世界となってしまいます。他の哲学と同じ結果です。その論自体は、正に超難解の世界を呈することになります。

ハイデガーは、当初、この哲学論を上下2巻にするつもりで書き始めていました。しかしこの1冊で終わってしまったのです。何故でしょう。何か分かる気がしませんか。

結局彼の「哲学」とは、彼自身の思い・主張でしかなかったわけです。ですからそれは、彼の「屁理屈」でしかないものでした。そんな中で、彼は、得られぬ答えをヒトラーに求めてしまいました。

Z．ヘーゲルの「精神現象学」

論としては、三つの書の中で一番真っ当に見えるものと言えるかもしれません。思考法的な語りがあることで、いわゆる哲学とはちょっと違った位置を占めることができているとでも言えばいいでしょうか。単なる私論に落ちることを防いでいます。心理的要素を入れることで精神論的哲学となっています。しかし何しろコトバが難しすぎて、とても一人で読み解くことなど不可能なようなものです。

いわゆる「心」を捉えんとして悪戦苦闘しているようなものです。心を言い当てようとして、結局叶わなかった書と言ってもよく、この点でも他書と同じです。結果として、ヘーゲル自身の私論の域を出ることは、ありませんでした。

以上のように代表的な哲学世界を概観してみましたが、重い哲学であろうが軽いものであろうが、そこに答えを求めること自体に誤りがあるのです。そして難解であることだけで珍重されるようなあり方では困るだけです。

前にも述べたことですが、文学などは、最初から答えなど求めることがないことで成立している世界です。それ故ヒトの不条理に直接迫ることができて、その答えなどを期待しない。一方哲学はと言えば、答えがないことを知らないが故に厄介になっているだけなのが、これまでの哲学だと言えます。

こういうことで過去の哲学を見てみれば大体分かるように、それはいつも時代の色を帯びていかにも流行りもののように、その姿かたちを変えては、何度も同じような論が現れては消えていきます。そろそろ「哲学」というコトバは、別な呼び名が付けられる必要があるのかもしれません。この世界に、答えなどそもそもないのだということを強く意識しておくためです。「思索」「探索」等々何らかの相応しいコトバがありそうです。いかがでしょうか。そうして初めて、答えのない世界だからこその議論のあり方を追求することができるようになるでしょう。

〝哲学〟から導き出されたものは、瞬間的に否定されてしまうのですから、こんなことを繰り返していても、次のプーチンが生まれるだけです。もうこういう哲学はやめにして、思索し、探索していきましょう。

8－2　主義・主張するということ

「人間とは未完成なものだ」という言説は、どこから来るのかについては前で述べました。ヒトが発する主義・主張は、原理的にそのヒトの屁理屈になっているのだというところにこそ、その未完成性はありました。個の頭から全く自由勝手に出てくるのですからどうしようもないものです。主観世界の恐ろしさでもあります。

ヒトが主義・主張するということは、前項の哲学で見たように、個の頭に生まれている答え感としてのものを主張しているということになっていることは、私たちはもうすでに知っています。ヒトが思ったり考えたりするということは、何らかの答え感を生み出しているだけなのだということでした。あくまで個のもの以外の何物でもないものです。それを一旦個の頭から外に持ち出した途端に、他からは直ちに否定の憂き目を見ることになってしまう。即ちヒトの主義・主張というものは、完全な屁理屈そのものなのです。屁理屈でないものにしたいのなら、互いの屁理屈同士をすり合わせる以外に解消する方法はありません。

あ、そうそう。他にも方法はありました。それは、相手を暴力で屈服させればいいことです。結構、これも世界中でやっているものです。〝暴力〟と〝支配〟は、同意語でした。ヒトは、矛盾からは、逃れられません。絶対に。

思索し、探索しましょう。

8-3　民主主義、共産主義そして宗教

一見これらにどんな関連があるのか不思議に思われるかもしれません。しかしヒトの原理を通して見てみると、密接な関係が指摘できます。これらの関係にこそ、ヒトの非物質性、物質性にかかる原理を、確かに見ることができると思います。

先ずは、このヒトの原理のいくつかについて、再録しておきましょう。

・ヒトは、集団に生きることを強制されている。
・最小集団は、二人である。
・二人集団内では、全くの不平等である。不平等とは、強弱関係である。
・平等とは、強者が下がることで成立するもの。弱者に求めても達成されない。
・集団には必ずリーダーがいる。
・集団は、リーダー次第である。
・集団の問題は、リーダーの責任である。
・ヒトは、主観世界を生きている。
・ヒトは、統治は受忍するが、支配は否認する。
・統治の受忍を保証するものは、民主概念のみである。
・共産概念は、その根本は平等概念にある。平等を成立させるために主観を封印または否認することを求めている。これはヒトの原理を外している。主観を封印する集団運営がすなわち共産主義である。この封印は、暗黙の要請に始まり、後に強制に変わる。変わらざるを得なくなる。何故かと言えば、主観の封印だから。これが可能なのは、「神」のみである。この「非物質の神」に成り代わって、リーダーが演じることになる。「人間神」の誕生である。共産リーダーは、宿命的に人間神を演じることになる。独裁者の誕生である。独裁者は、暴力と屁理屈によって自分を守るもの。

・共産リーダーに限らず、リーダーというものは、常に「人間神」の奴隷である。ヒトの悪性を体現しているもの。

・ヒトは、人為物として誕生した。自己脳自己変化である。

・ヒトの行動の終点は、欲望終点である。

・ヒトは、「悪」である。悪の塊でさえある。

・ヒトの善性は、ヒトの自然性の中にしかない。

・ヒトは人為物ではあっても、自然生物の一部でもある。ヒトの善性は、この生物の自然性を保証するものとして存在するという「観点」に立つことによってのみ、その存在を認めることができるものである。逆にこの観点に立たない限り、ヒトの善性がその姿を現すことはない。

・ヒトの善性に通じる自由、平等、義務、責任等々の概念は、この観点の中にしか存在することはない。

さてここまでヒトの原理すなわち本質について再録してきました。

以上の原理をなぞりながら話を進めましょう。全てこの原理にかかることです。

ヒトは、集団参加を強制されている生物であるという原理から見ていきます。

ヒトは、生まれ落ちた瞬間に親子という二人集団に捉えられてしまいます。ヒトは、一人では生きられないどころか、そんなことは全く夢のような話でしかありません。これほどにヒトは、徒党を組むことが宿命づけられているのも原理です。

さてこの集団なるものは、大、小とりまぜ、それぞれ何らかの目標を持って、ヒト社会に無数に存在しています。集団には、必ずリーダーが現れて、そのリーダーの下に集団は運営されることになっているのも原理です。集団の問題は、リーダーの問題です。

集団は、集団行動をとることで世の中に生きています。一方強制参加させられている個の行動は、集団内で必然的に制限されているのも原理です。しかし個は、内的に自由です。ですから集団に強制参加させられていながらも、個の内的自由を個が希求するのも当然の原理です。

こういう関係にあることから、集団は、その運営において、参加している個の内的自由を保証することが義務付けられていることになります。これも原理です。運営しているのは、そのリーダーですから、その保証は、リーダーに求められることになっています。

リーダーは、〝統治者〟としても〝支配者〟としてもなれるものです。しかしいずれかしかありません。二者択一です。

内的自由である個とすれば、統治は承認しても支配は否認するのも原理です。

この統治へ通じていることこそが民主という概念であって、集団において個が主体であることを受け入れるリーダーの存在が、民主を保証することになります。これが民主主義です。民主においてリーダーは、統治者です。

一方、共産主義なる集団運営理念も存在しています。

この共産なる概念は、民主の対極にあるものです。

共産概念の根本は、〝平等〟にあると言ってもいいと思います。ところでこの平等概念も、非物質世界と物質世界の二つの世界において存在するものです。

非物質世界にあるものは、〝理念〟としての〝平等概念〟というものです。

一方物質世界にあるものは、〝現実的な平等〟というものになるでしょう。

ではこの現実的な平等というものは、本当にあるでしょうか。いえ、個の多様性や他の原理の下では、存在し得ないものであることは明らかです。本来個々は、完全な不平等の状態にあるのが原理としてのあり方です。ヒトは、生まれながらにして不平等なのです。ということは、物質世界には平等はないことになります。これも原理です。非物質であるところの理念としての平等しかありません。

こういう原理下にあって、共産主義は、「物」としての平等を設定しては、本来不平等でしかない世界にあえて平等を謳っているという矛盾の中にある理屈です。ですからそれは屁理屈でしかないものとなっています。

最初から、この矛盾を理念として設定しているものですから、所詮共産概念は、成立しないはずのものなのです。しかし今は、「物」の世界の話ですから、平等という「物」を達成させるためには、万能の「神様」にでも登場してもらわない限り、そんな目標を達成させることなどできないはずのことだということです。そういうことでリーダーは、その万能の神様に成り代わって自分がその役目を〝人間神〟として演じることになるのです。すなわち独裁者が発生したわけです。何かぞくぞくしませんか。まるで虫でも湧いたように。

このように共産概念は、独裁に直結しているものです。歴史が証明しています。

共産主義とは、独裁主義だったのです。これらは、同意語です。これも原理です。

集団運営方法は、民主か独裁かの二者択一なのです。原理です。

ここで社会主義と全体主義と言うコトバについても触れておかなければならないと思います。

現在、これらのコトバは、共産主義の別の言い方のように使われることもあるものです。しかしこれらは、集団運営のやり方に対して言及しているという意味合いが主題となっているものであって、いわゆる個の欲望や自由を積極的に制限するという共産概念とは自ずと違う主張のはずのものです。

社会主義という考え方は、民主にも独裁にもともに当然のものとしてあるものです。例えば社会インフラを整備するのは集団側か個側かという時に、それは集団側にあるとする考え方が、この社会主義ということになるだけのことです。ですから民主であっても独裁であっても、この社会主義という考え方は、集団という物の中に必ずあるものです。

一方全体主義という考え方は、集団全体にわたって統一的な一つの概念でくくってしまうという、正に独裁を表明したようなものですから何をかいわんやのものです。

以上を踏まえて〝宗教〟を考えてみたいと思います。

宗教を捉えるには、個の側からと集団の側からの二つの面から見なければなりません。個の側にある宗教は、宗教心という非物質世界にあります。一方の集団は、あくまでヒトの物質世界であると言えますから、原理の下に記述できる世界なのです。

先ずはこの集団の方から宗教を見てみたいと思います。

そもそもこの宗教なるものは本来、ヒトの心にある〝宗教心〟を、個の中で体現することをいうものでしょう。しかしこのことを、個だけで完成させることができずに、集団の中に求めてしまうのもヒトです。仕方がないことです。個だけでは解決できないのですから仕方がありません。そして現れるのが宗教集団ということになるわけです。

こうして現れた集団とて、思想・信条を達成しようとすることにおいて、他の一般的な集団、すなわち家族に始まり政治集団、会社、学校といった全ての集団の存在と基本的に違いがあるわけではありません。一定的な目標を持っていることにおいて何らの違いもないものです。同じようにリーダーが存在し、集団目標の達成を目指します。ここにおいて始めて、集団運営についての原理が登場することになります。

集団がどこに向かうかは、リーダー次第でした。このリーダーは、原理的に「人間神」の奴隷なのでした。この人間神は、物としてのヒトそのものなのですから、民主にも独裁にも進むものです。形は民主でもリーダーは、統治にも支配にも向かうことができるのです。リーダー次第です。

ここで注意すべきは、とくに宗教集団においては、心の神としてのリーダーが本来のものであるはずの場において、集団リーダーがヒトという〝物〟であることによって、彼が物質の神（人間神）に〝変容〟してしまっているということです。他の集団と比べて宗教では特に、この変容が曲者となっています。

宗教にあってはこの人間神なる存在は、あくまで「霊的（物質）」な存在となっているものであって、いわゆる神（非物質）ではないのに、神の顔（物質）をしています。神の顔をしているものですから、それを「神（非物質）」と思ってしまっているヒトがいるだけです。且つ思わせられてもいるものです。そういうリーダーの集団だということになります。

しかし宗教集団とて一つの集団なのですから、ヒトの原理からして、集団運営には、民主しかないはずです。しかし宗教集団にはこの概念が全くありません。抜け落ちているというより、こんな見方があることなど全く知らないのです。このことに気づけていないのが現在のヒトなのです。

個の宗教心の方にばかり目が行っていることで、外から触れることができない世界にしてしまっているのです。まあそれなりに規制はかかってはいるのですが、実効性のあるものなど全く作れないのです。

民主でありさえすれば、問題が起きたとしても、対処できるのです。集団は、宗教に限らず、適切に規制されるものなのです。制限しなければならないものなのです。

こういう宗教観もあることを知っていただきたいと思います。

ここでちょっと宗教から離れて、この民主について述べてみようと思います。

この民主ですが、当然腐るものでもあります。リーダーの個としての悪性が、その姿を現すからです。それは、秘密工作、多数派工作とダブルスタンダードとして現れます。リーダーを待ち受ける落とし穴です。まあ自ら進んでこの穴に落ちる者もいます。一種の独裁の誕生です。民主は、簡単に独裁になるのです。

民主を保証するのは、「情報公開」です。これ以外にありません。選挙にあるとされていますが、それは全くの誤りです。それは、単に便宜的なものにすぎないものです。腐りきった現状を変えることができるものは、選挙などでは決してありません。

このことの答えを出すことが、ここでの目標ではありません。しかしこのあたりの話も、これらの原理群から可能となると思います。課題としておきましょう。

再び宗教に戻ります。

こうしてみてみれば、宗教集団も他の集団も全く同じあり方をしているものだと分かります。何らの違いもありません。一般の集団と宗教集団とを分けるものなど全くありません。集団におけるその運営費用は、会費または税金によらなければならないものです。そして献金やお布施は禁止されるものです。民主を保証するものとして。

本来宗教は、非物質なのですから、個の内側にしか存在しないはずものです。しかし集団を形成するということは、外部へ出てきて宗教をすることになっています。そして宗教リーダーも主義・主張をしているだけで、単に哲学をしているだけなのです。宗教哲学という世界もありますが、所詮答えは手にできません。

さてここで、興味深い事実について触れてみましょう。

それは、キリスト教カトリックの総本山におられるローマ教皇（宗教指導者）の存在についてです。ここでのリーダー選出にあたっては、コンクラーべという方法に従って、徹底的な互選という方法の下に行われているということです。ご存じかと思います。このことは何を意味しているのでしょうか。それは、この方法によっていれば〝人間神〟というものを生まずにいられるという強い思いの下に行われる、大いなる知恵なのだと言えるのです。私には、絶対にそうなのだという強い思いがあります。ですからこの宗教団体は、霊的な宗教指導者を生まないのだという覚悟を持っていて、神の非物質性をこそ大事にするという証拠になっているものだと言えるものでしょう。教皇の発するコトバを見ていればよく分かることです。そういう知恵をもって団体を運営しているのだという強い自信があるのだと思います。

宗教の民主化ということです。


以上ここまでは、宗教を集団側から見てきました。

ここからは、個側から見てみましょう。宗教がどのように形成されていったのかを想像してみようと思います。

動物本能で最も強いものは「恐」本能です。ヒトは、何にでも意味付けするようになって以来、先ず初期においてこの動物本能の「恐」に対して「恐い」という意味付けをしたことと考えられます。それ以来ヒトにとってこの恐いという意味が本能でもあるかのように現れることになってしまっています。疑似本能ということでしょう。

さらにいつの頃からか、ヒトの矛盾世界の中に、越えられない不条理がたまりにたまって、どうしようもない世界が現れたことは容易に想像できます。そもそもこの不条理とは、個と集団の関係において生まれるものです。個にあっては、多くの不安や恐怖に対面し、集団の中で生きることの難しさなども、徐々に増えていったことでしょう。たった一人でこれを克服することなど所詮不可能です。ですから宗教における個というのは、ここまでです。あくまで集団の問題に還元されるのが宗教の現実です。

個の心を何とかしようとして自然に現れたのが宗教だったということでしょう。その頃は、まだヒトは自然の近くに生きていた頃でしょうから、ヒトに善性を期待できる時代にあったと言えます。その頃はまだ、良きリーダーであり得たことでもあったことでしょう。知恵者がリーダーを務めるのが自然です。集団にとって、知恵として作用したものだったということです。幸福な時代もあったのです。

ここまで来れば、宗教とは、哲学や主義・主張と全く同じ位置にあるものだということがもはや明確に分かります。要するにヒトの生み出している意味世界（A）そのものであって、哲学と全く同じところにあるものだということになります。精神的な心情・信条というものは、宗教であれ哲学であれ、それらに違いなどはありません。区別する意義など全くありません。この心情・信条こそが、全てのヒトの心に住み着いている神だと言えるものです。

しかし宗教集団には、必ず〝教義〟というものが据えられていることにも目を向けなければなりません。これこそが、宗教を宗教らしくしているものだとも言えるでしょうから。国是や社是といったものとは自ずと違うものになるのは仕方がありません。

この教義の持つ意義は、一種の答えとしてのものを示したいが故に、ある一人の「人間神」が設定したものであることはもはや明白です。そこには答えなどないのに、あえてそうするものですから、ヒトは混乱してしまいます。教義も解釈の余地のあるものだということなのにそうするのですから。ヒトによって解釈は違います。教義で縛るのは所詮無理なのです。当然です。なくては困るものかもしれませんが、あればあったで大いに困るものです。

そろそろ結論に行かなければなりません。

宗教を特別視することは、そろそろやめにしてもよさそうだということです。

他の集団と同様に、それぞれ心情・信条を持っているだけなのですから、それらは皆一種の〝集団文化〟だと見ればいいのではないでしょうか。心情にもいろいろあるのだし、信条もいろいろです。どの集団にも必ずあるものです。政治的信条、会社の経営方針、家庭ごとの考え方など全て集団の心情・信条です。どれもヒトにとって大事なものだというだけのことです。そういうものを、皆がそれぞれ大事にしていくことしかできません。

ヒトは、必ず何かしらの集団に属しています。自ら選ぶ集団だったり、強制による集団だったりといろいろです。自分で選べない集団が最も困りものです。それでも何とか対応しながら、未来へ行くしか他にないのもヒトの世界です。

信教の自由とは言いながら、教義に縛られ全くその自由などないこともあるのですから、ある意味恐ろしいことでもあります。

いずれにしても、「集団の運営の問題」すなわち「リーダーの問題」でしかないのだということは、ヒトの原理が教えている事実です。問題を解く鍵は、〝民主〟にしかないということです。それは、「情報公開」です。ヒトの原理です。

どんな集団にあっても「人間神（独裁）」は、あってはならないものです。

「人間神（独裁）」は、カルト同様に取り締まられるべきものだと言えます。

9　意味世界における理系世界

文系世界には、条件付きの解しかない、一方理系世界には明確な解があるという捉え方で、これら二つの世界に分けることは、全く正しいことでしょう。そして理系には、さらに数学があることで、解が明確に導き出されているのだとの認識が加えられているということです。

しかし文系世界にも数学はありました。経済数学や統計数学などというものです。この経済数学はと言えば、答えは出してきますが、それがそのままヒト世界の解にはならないのだということを知りました。数学は、不思議な振る舞いをするものでもありました。どうしてそうなるのかと言えば、数学も一種のコトバとしてのものだというところに原因があるのだと言えます。コトバですから、そもそも非物質世界をこそ記述しているということです。数式に意味を込めた時点でそうなってしまうわけです。これこそヒトの認識世界の不思議なことの一つでしょう。

では理系世界とは、本当はどういう世界なのかをつぶさに見ていきましょう。

9－1　意味世界（E）と意味世界（C）との関連

第6項で記した、意味世界を分類した図（136頁）を参照してください。

要点を再録しておきます。

・意味世界（E）とは、従来の（物質の）科学の世界です。純粋に科学世界です。

・意味世界（C）とは、幾何学や状態、姿、形、図形、時間、空間等々の世界です。

この世界のうち、意味世界（C）が何故非物質世界であるのかもうお分かりですね。それは、人為の世界だからなのでした。〝こういう考え方にしましょうね〟とされた世界だということです。且つ科学現象世界ではないことは明らかです。ですから非物質世界ということになります。

しかしこの意味世界（C）は、科学の世界に必ず入り込んでくるものでもあります。

それ故〝科学的非物質現象世界〟と分類されています。

科学世界（物質世界）を純粋に記述するのは、意味世界（E）の〝物質意味世界〟であり〝物質現象世界〟すなわち〝科学現象世界〟に限られます。いわゆる従来の科学世界のことです。

しかし、今記したように、科学現象そのものを記述しようとすると、どうしても非物質意味としての意味世界（C）そのものに登場してもらわないと記述できないという、ある意味宿命的な現実があります。意味世界（E）と意味世界（C）には切っても切れない関係があるということです。

物質世界ということは、そこには必ず物や物体があるということです。ということは、そこには〝ゼロ〟や〝無限大・小〟という非物質は存在しない世界のことです。ですからこの非物質が顔を出したら、そこは、もはや物質の世界ではないもの、すなわち非物質世界を呈しているということです。ここには、答えはもはや存在しません。ここは、押さえておかなければならない点だと思います。科学の原理としてのものです。物理や数学の世界では、このゼロや無限大がある世界を、答えのない世界と捉えるようです。

さらに物質世界であるということは、そこでは必ず何らかの〝科学現象〟が起こっているということでもあります。そしてこの科学現象とは何かと言えば、それは、物や物体の間で起こっている力のやり取りとエネルギーのやり取りという物理現象やその他のいわゆる一般的な科学現象だと言えます。すなわち自然に存在するいろいろな物や物体に起こっている科学現象は、全て物質世界のことだということになります。それは、量子の世界にあっても同じです。

ではここでちょっと思考実験をしてみましょう。空中に埃が舞っています。この埃は物体です。この埃をどんどん小さくしていきましょう。量子レベルまで小さくできたとします。この埃は、やはり物体ですね。この物体には、質量はまだ残っています。その場所に、それは現実にあるのですから。立派に地球重力が作用しています。このごく小さな埃とて万有引力によって立派に地球を引っ張っているのです。これが物理現象です。

ではこの埃とはいわゆる量子とは違うものなのでしょうか。埃も小さくしたものですから量子になっているのでしょうか。そうかもしれないし、そうではないのかもしれません。量子は物体なのかそうではないのかが問われているのです。今は、思考実験をしているのですから、その答えには今は行けません。何らかの実験で確認するしかないかもしれません。よくは分かりません。

こんなところが、量子を知る入口になってほしいものでもあります。これは単に、私の思いとしてのものです。この後の方で、量子世界についても述べることになりますので、物・物体絡みで、こんな話題になってしまいました。駄弁を弄《ろう》したことです。

9―1―1　視覚の不思議と意味の変容

さてヒトの五感の中でも視覚世界は、実は不思議な世界を呈しているものです。視覚以外の四つの感覚は、知覚する時、間に科学現象を介在させて知覚しています。しかしこの視覚はと言えば、科学現象ではない現象、すなわち非物質現象を介在させて知覚しているのです。

ヒトが目の前の事物を見るという現象について、詳しく見ていくことにしましょう。

　この見る、見えるという時の対象物を、ヒトが最初にそうする時には、先ずは網膜に映っている〝映像〟を捉えているのだということです。この映像というものは物ではないもの、すなわち非物質としてのものです。動物にとっての映像は、単にこれに反応するためのものでしかないものなのに対して、ヒトは、この映像にいちいち意味付けしては、何らかの意味を生んでいます。そしてこの意味は、初めはその〝対象感〟〝映像感〟という何々感というものであって、まだ非物質意味としてのもののままとなっているものです。ですから、見たものが飛行機なのかＵＦＯなのかはまだ確定してはいません。見た対象ごとに過去の体験（科学的体験）によって科学現象としてのものなのかそうではない未体験のものなのかを区別することでその見た感が、本物の飛行機か未確認のＵＦＯなのかを判別しているということです。結果としてそれぞれを見たという確定に至っているものなのです。すなわち〝見た感〟が〝見た物〟に変化しています。意味が変容しているということです。物質に変容できない時、すなわちＵＦＯなどは科学的に確認できていませんから、それは不思議となってしまいます。未確認の映像感だけが脳に残っているわけです。

　もう一つの例です。

　闇夜に月が出ていました。満月でした。それを見ているヒトは、本当に月を見ていると言えるのでしょうか。これはよく哲学話として登場するものです。皆さんもすでに耳にしたことがあるかもしれません。

さてその月は、本物の月ではありませんでした。実は、新月の真っ暗な闇の中に、月の満月の写真を空にかざしたものでした。後になって写真と分かったのです。

最初に見た時の月は、物理現象としての月の存在をすでに知っているものですから、本当の月だと思って見ています。これがヒトの癖です。

本当の月というのが物質としての月であり、月ではないと分かった時の月が、非物質としての月だったということを知るのです。目の錯覚の一つで、他にも多くの錯覚があるわけです。

さらに他の具体例も見ておきましょう。

前に記したことではありますが、もう1度述べます。

赤子が生まれた後、どのように母親を認識していくのだろうかということです。

生まれ立ての赤子は、何の経験もないまっさらな状態にあります。赤子の網膜には、目の前の母親の映像が映っているはずです。これは、動物の目に映っている状態と全く同じはずです。この映像は、非物質のものです。この後、母は、赤子を抱きしめ、声をかけ、頬ずりをし、母の匂いをかがせ、乳を吸わせせます。これらは、全て科学現象が介在しています。視覚以外の四つの知覚すなわち科学現象を介する知覚を使って、自分が母であることを、体験を通して教えています。この時の赤子の体験が、科学現象である必要があるのです。科学現象であることで、目の前の母の「映像」が、母という「物」に変容することになるのです。そうすることで初めて、赤子は、自分の目に映っている映像が、自分の母という物体だとして認識することになります。

視覚で認識するということの実態と言えます。これらの例は全て認識問題ということになっています。

普通のヒトにあっては、普通の体験を、普通に積み上げていますから、普通の生活の中では問題は起きません。しかし科学の世界にあっては、新しい体験を探索することがその目的となっているものですから、過去の体験はまだありません。科学にとっては当然のことです。そういう場面でこそ認識問題または観測問題は起こることになります。

9－1－2　観測問題

〝観測問題〟というものがあることは、特に量子論の世界では、有名だと思います。

しかし、そもそもこんなもの問題なんかではなく、素直にないことにしてしまえばいいのだともされているものでもあります。ある意味、変で奇妙で不思議なことです。

前項で見たように、視覚で、目の前の事物を捉える時には、いろいろな認識問題を起こしてしまうものです。錯覚や誤解といった認識に関わる問題として姿を現します。それはもうお分かりのように、視覚の特殊性によるものでした。何しろ映像という非物質を介して認識しているものですから、なかなか分かりにくいということです。

さてこの観測問題は、実験したその結果を、観測する時に観測事象として現れるものです。この実験世界にも非物質と物質の二つの世界があることを知らなければなりません。実は、観測問題とはすなわち認識問題のことなのです。

非物質世界にあるものと物質世界にあるものそれぞれの代表的な具体的実験例を示しておきましょう。

①先ずは、〝ボール実験〟という呼び名を付けておきます。私が名付けました。

地面に突き刺した棒の上に野球ボールを置きます。それをバットで水平に打ち出して、そのボールの動きを観測します。そうするとボールは必ず放物線を描いて地面に落ちていくことが分かります。打ち出す速さを変えて観測すると、その速さに応じた放物線になることを実験的に知ることができます。必ず放物線になるのだということを。

さて、この放物線になるということを知るという世界は、果たして非物質世界を呈していることなのか、物質世界のことなのかを問うことができるのです。お分かりでしょうか。

この答えは、次のようになります。

この場で見ているものは、〝放物線という図形もしくは映像〟というものをひたすら見ているのだということに気づかなければなりません。起こっている科学現象そのものを見ているわけでは決してありません。この図形、映像、姿、形、状態などを視覚で見ているということは、あくまで非物質現象世界にある〝事象〟としてのものであるということです。それは相対現象として起こっているもののことです。すなわち決して相互的現象、すなわち物理現象を見ているのではないということです。この時見ている〝放物線〟は、観察事象としてのボールの運動の〝状態〟という事象をただ見ているだけであって、相互関係としての力関係すなわちボールと地球の間にある引力現象、すなわち物理現象はどこにも現れてはいません。放物線の方程式があるだけで、その式には力の要素は何ら入っていません。

この目に見えている状態を示す裏にある物理現象、すなわち地球重力の作用の結果としての状態を、ただ視覚的に見ているだけのものであって、見えている放物線という形は、あくまで非物質事象としてのものにすぎないのだということです。すなわち、このままでは、物理現象を記述する科学にはなれていないものです。

しかし放物線になるという一定的な解があることは、応用しても構わないということになっています。一定的な解があることで、〝この部分だけ〟は科学にはなれているのですが、いわゆる科学とはちょっと違うもので、科学の一部ということでしょうか。あえて言えば、科学技術とすればいいのかもしれません。技術として応用することは可能な世界だということになります。いろいろなボールゲームが成立するわけです。

このままでは、物理学すなわち力学ではないということです。状態学と言ってもいいかもしれません。この状態学は、非物質事象でしかないものなのです。

間接的な観測になっている場で起こることです。

この実験は、非物質実験となっている事象を示す例です。

もう一つの実験例です。

②〝バケツ実験〟と名付けます。

これは、どなたも1度はやっている実験でしょう。

水の入ったバケツを、大きく振り回す実験です。頭の上まで大きく振り回しても、水はバケツの底にへばり付いていてこぼれません。

この実験の結果としての、水がこぼれないという観測結果は、目の前で起こっている物理現象を、直接、視覚によって観測していることになっています。

振り回した頂点において、水の地球引力と遠心力とが直接比較されて、遠心力の方が大きいことで水がこぼれないのだと説明されます。力関係が直接記述されています。物理学となっています。

そうしてこの実験は、地球に重力があることを説明する入り口になるものです。既知の物理現象を用いて、次の物理現象を知るという科学の原理としてのものです。

このバケツ実験は、物質意味世界としてのものであることで、力学になっています。直接的な観測の場になっているということでしょう。

この実験は、物質実験としての事象を示している例です。

どちらも同じ実験ですが、やっている実験そのものの意義は全く違うものになっているのです。これら二つの実験は、それぞれ明らかに違うものです。①は非物質事象、②は物質事象がそれぞれ観測されているのです。

このように、実験すると言っても、方法によっては、全く違うものになり得ます。しかし必ずこの二つのどちらかにはなるのです。こんなこと、今まで誰も指摘したことなどないことと思います。いえ絶対にありません。

要するに、実験方法にも非物質世界（ボール実験）と物質世界（バケツ実験）の二つがあるということを知らなければなりません。このことを知らないが故に、認識問題を起こしているということです。

この例でよく分かるように、意味世界（C）なる非物質世界は、科学世界である意味世界（E）に関連してその姿を現すものです。こんなことから意味世界（C）への理解は、あまり強くない、むしろ弱い、と言うよりこの〝非物質世界〟のことなど全く知らないことで、実験結果の理解を誤らせることが起きてしまっています。現実です。

この意味世界（C）は、幾何学や時間・空間、姿、形、状態というものの世界です。前に述べましたが、幾何学などは明らかに物理現象としてのものではないことなどすぐに理解できますが、まさかこれが非物質世界のものだなどとは、決して考えたこともなかったはずのものでしょう。時間については、すでに述べましたように、正に非物質意味としてのものだったのです。しかし、これらは、物理現象を記述する時に必ず必要となってくることで、その理解において誤らせてしまうのです。後でさらに詳しく触れていくことになります。

9－1－3　前2項のまとめ

実験だけではなく理論の中にも、物理現象を記述する時には、必ず非物質世界が入り込んでいるということを、しっかり理解しておかなければなりません。

例えば、時間や空間などは非物質ですが、これを現実にあるものとして仮定しない限りどんな力学理論も、そもそも立ち上げることなどできません。これらは、単に仮の姿だと考えればいいのです。物理現象そのものの中にはないものです。

科学理論の証明においては、必ず実験・観測はなければならないもので、実験・観測する時に、理論とそれの間にこの非物質は必ず現れるものです。ましてや実験方法において、すでにこれら二つの世界があるのです。

ある物質現象が存在することを、別の物質現象を使って証明するということは、普通に行われます。一方非物質現象の存在を、別の非物質現象を使ってその存在を証明することも全く同じに可能なのです。しかしこれらの意義は、全く違うものとなっています。

物質世界は科学世界であって、一方の非物質世界は非科学世界となっています。

先ほど記したボール実験で、ボールの描く放物線を見て、ただ放物線になる放物線になると言っていても、その裏にある地球重力という物理現象に目がいくわけでは決してありません。この重力という物質意味を知るためには、その物理現象の知識の積み上げをしないことには、ただ放物線を見ているだけでは、絶対にそこには行けません。

そういうことでヒトの脳を通じて、目の前の事物の意味を捉えるには、その現象が非物質としてのものなのか、物質としてのものなのかを見極める目を持たなければならないということです。これまでのように、ただ見ているだけでは、ヒトは非物質も物質も同じものとしてそこにある感で見てしまうということに、あまりに慣れ切ってしまっています。ヒトの習慣や癖なのです。

非物質と物質の二つの世界があるのだということを、ここでもしっかり頭に入れておかなければなりません。一方は心であって、もう一方は目の前の現実です。これらは明らかに違う世界のものとして、ヒトの認識世界に存在しているものです。

さあここまで来れば、物理世界において今でも変、奇妙もしくは不思議となっている、もしくは、何ら不思議とも思わずに過ごしているそれらについての諸問題を、認識問題として一気に解明することが可能となります。

次からは、一つひとつの具体的なそれらについて解明していきましょう。

9－2 時間・空間って何だ（再び）

この時間・空間というものは、哲学的にも科学的にも未だに明確にされていないテーマです。未だに全く分かっていないものです。一般的には、あると言えばある、ないと言えばない、とことんなところで終わっています。世界中でそんな感じでしょう。

時間・空間に関する書など無数にあるようで、これを知ろうとするヒトの努力の注がれ方は、尋常ではありません。しかしこの時間・空間の真実は、未だ見つかってはいません。どこまで行っても最後には不思議なものだという文学的ロマンが語られて、大方は終わってしまいます。すなわち確信に至ることはできないでいるものです。

この時間・空間については、第1－4項と、第8－1項で触れています。

実は、この時間・空間を捉えるためには、たったこの2か所だけで完璧に終えることができてしまっています。

要するに、ヒトの持っている認識世界は、二つの世界でできているということを知りさえすれば、簡単に解決してしまうことだったというだけです。この二つとは、非物質世界と物質世界の二つのことです。今の私たち以外のヒトたちは、このことを全く知らないでいるから分からないだけなのです。

この二つの世界の存在は、私たちの非物質科学からすれば、科学的事実としてもうすでに記述できる世界です。私たちヒトは、明らかにこの二つの意味世界を生きているのです。ですから、この事実を知ってさえいれば、時間・空間というものが、二つの世界のどちらにあるのかを明確に問うことができます。

こういうことで、すでに答えは出ているのですが、改めて、ここでまとめて述べることにします。

先ず時間について見てみましょう。

物質現象（物理現象）としての時間はありません、非物質現象としての時間はあります。これがその答えです。これ以外に答えようはありません。

では、ここで物質現象として、時間があるということはどういうことなのかが問われます。それは、「時間の流れ」という〝物理現象〟があるのかないのかを問えばいいだけです。物理現象は、科学世界ですから、もしあれば、それは新たな発見です。では今まで、〝これぞ時間の流れだ〟という物理現象が発見されたという話はあったでしょうか。ありませんね。当然です。ないのですから。もしあったら大発見でしょう。要するに物質現象としての時間はありません。

では、非物質現象の世界に、時間は、本当にあるのでしょうか。

ヒトなら皆〝時間感〟を持っています。ヒトの心の中、すなわち非物質世界の中には時間感という実感世界があります。この時間感は、正に非物質現象として生まれている〝時間〟というものです。ありましたね。

さらに時間には、〝時計時間〟があります。〝生物時間〟もあります。そして物事が〝変化〟するその現場に無数にあります。これらは、全て非物質時間ですが、そのように気づけますか。時計は、人為的に時間を作っているだけです。生物時間も、生物が年老いていくその変化に人為的に時間を見ているものです。ヒトは、目の前の変化に対面して、そこに〝時間感〟を持たない限り、その変化を言い当てられないというだけのことです。あくまで人為としてのもの以外の何物でもありません。ですからこれらは、全て非物質としてのものです。決して物理現象ではありません。


時間は、物質世界にはなく、非物質世界にこそあるものです。

時間については、これで全てです。たったこれだけです。


次に空間について見てみましょう。

ここでもやはり空間という物理現象などというものは、存在していません。

この空間なるものは、ヒトが人為的に、x、y、zを座標として空間と呼ぼうとした人為のものですから、決して物理現象などでは全くないものです。これもやはり非物質世界のものということになります。この三次元だけでなく、多次元であろうと、どれも非物質世界の中にこそ、あるものです。

こういうわけで時間・空間に関する議論はこれで完璧に終えることができます。この時間・空間があるのかないのかの議論は、〝非物質〟〝物質〟なる概念を取り入れることで、一瞬にして終えることができるものでした。

もう不思議は、どこにもありません。

9-3　力学理論における時間・空間と限定世界

例えばニュートン力学における時間とは何でしょうか。

時間は、そもそも非物質でした。その現実にはない時間を、あたかもそこにあるものと仮定して力学を作ってみたということなのです。しかしそうして理論にしてみると、それは実にうまく力学理論が成立して、そこから得られる運動方程式は、実によく自然を記述しているということです。時間は、一種の仮定、仮説もしくは条件になっているものだということです。仮の姿というのが一番合っているのではないでしょうか。

このように時間というものを〝仮定〟しない限り、そもそも力学理論を立ち上げることすらできないのが、ヒトの認識世界にある特性です。一種の宿命のようなものです。

　このことは何も仮説演繹法がそうさせるのではないのだということを教えています。この特性は、ヒトの認識世界が持っているヒトの「原理」としてのものだったということです。このことは、4－3項でも記しています。

　従ってニュートン力学そのものは、この時間という仮定と平面空間内という仮定に縛られた世界の中だけで成立する理論であって、この論もやはりこの仮定内での限定世界というものを記述しているだけです。ですから実験・観測に合っているところだけ、いわゆる〝変容〟が起こっているその〝部分〟だけが有効となるわけです。

　さらに、このニュートン力学は、相対性理論と合わないという言われ方がされます。それは、当然のことなのです。相対性理論に照らし合わせてみたところで、そもそもそれぞれの理論の前提条件・仮定・仮説が違っているのですから、記述される限定世界としてそもそも違うものだからです。この相対性理論とて、設定している〝時空〟という仮説もしくは条件内での限定世界しか記述していないものです。決して万有のものなどではありません。

　そもそも理論というものは、全てにおいてこの〝限定世界〟しか記述しないものです。だからこそ、それぞれの論において実験・観測に合っているところだけが、その論にとって有効、すなわち自然を記述している〝部分〟ということになっているのです。この限定世界性については、4－3項で記しています。

この相対論においても時間・空間が論の中心に据えられていますが、ここにおける時空というものもニュートン力学におけると同じく、それぞれの仮の姿としてのものだということは、全く同じ意義となっているものです。

このように理論とは、必ず前提条件、仮定、仮説が設定されない限り論立てそのものができません。そしてその仮定他は、非物質であろうが物質であろうが何でもよいということです。論から得られる〝一定的な解〟が、自然を記述する部分として、その部分のみが有効となるだけです。しかもその論は、設定された条件の下にある限定世界のみを記述しているわけです。どんな論であったとしても、決してオールマイティとはなり得ません。オールマイティな論というものを、ヒトが創ることは残念ながら叶わぬこととなっているのが、ヒトの認識世界です。宿命です。「不可知原理」としてものです。

9―4　相対論における謎を解明する

この相対論には、実に不思議な言説が多く登場します。曰く、時間が速くまたは遅く進む、時空が歪む、光速付近（高速）で移動する物体は縮む、光速度は不変である、相対性（非物質世界）、双子のパラドックスまたは浦島効果、この他、いろいろな観測にまつわる解釈において見られるものです。

物質世界すなわち物理現象世界にある変・奇妙・不思議となっている謎は、そのほとんどにおいて〝認識問題〟と〝観測問題〟となっているものだと言えるでしょう。何故かと言えば、この世界は、〝非物質〟〝物質〟の二つでできているということを未だ知られていないからだと言えます。謎は、この非物質世界にこそあるものだからです。

〝認識する〟ということについて、ここで振り返っておきましょう。

・認識するということは、意味を知るということである。
・認識世界とは、意味世界のことである。
・第6項で分類された意味世界は、認識世界を可視化したものである。今考えている世界がどの認識世界に分類されるのかを知ることができる。

謎となるのは、ほとんどの場合、そこに認識問題があるからだと言えるのです。ですから、その変なものが、どの意味世界にあるものかを知れば、それが認識問題の答えとなっているということです。

一方の観測問題は、今観測している世界が、どの意味世界になっているのかを知ることで、認識問題として解決できることになります。

具体的な謎の解明に向かう前に、変で奇妙な点を概観しておきます。

さてこの相対論に奇妙な言説が多いのは、それほどに〝解釈〟が難しいということなのかもしれません。何しろコトバが数式だということで、その数式を解釈してやらなければなりません。この論の中心にあるのが、やはり時間・空間ですが、先ずはこの時空の解釈そのものが変・奇妙になっているのは明らかでした。しかしこれらについては、非物質に因があるということで、すでに解決しています。

次に〝相対性〟ということを見ておきます。

相対性ということは、そもそも物理現象ではないもの、すなわち非物質世界のものなのですから、話がややこしくなるのも当然なのかもしれません。

光速に近いスピードで物体が移動する時に起こることとして、いろいろな現象について語られるのですが、しかしそれらは単なる相対現象でしか語られることのないものばかりです。ですからそこにどういう〝物理的〟意義があるのかが全く分からなくなっているのだと思います。〝相対的〟意義は、決して物理に帰結しないものです。

私は、解説本を読んでいるのですから、もしかしたらこの解説本の著者自身が分からないだけなのか、もしくは私自身が分からないだけなのかもしれませんが果たしてアインシュタインはどうだったのでしょう。少なくとも非物質世界があることなど、きっと知らなかったはずだと思います。何しろ物体ではない〝非物質〟世界ですから。

そして、相対論の中心には光があります。この光に関する記述がいろいろあるのですが、最も肝心なことが抜けているのです。それは何かと言えば、光を考える時には、その光には、必ず〝光源〟があるのだということがすっぽり抜け落ちていることです。この光源の視点がないことで、何を論じているのかが、全く不明となってしまっているのが、ほとんどのようです。この光源のことなど誰も気づいてはいないのでしょうか。光には、直接光であれ反射光であれ、必ず光源があります。何となく光が、どこかから来るわけではありません。これについても、果たしてアインシュタインはどうだったのでしょう。

この他にも変・奇妙な謎の話はいろいろありますが、本項の冒頭にあげた主だったもののみについて具体的に述べてみたいと思います。

9－4－1　〝時間が進む・遅れる〟〝空間が歪む〟なる言説の謎を解明する

今のところ、このことを謎であるなどと言っているヒトは、そもそもいません。私が勝手にそう言っているだけです。このままを素直に受け入れているのだと思います。しかし、このことを変で奇妙なこととの認識のないことの方が、先ずもって私にとっては謎なのです。ここまで読み進めてきてくださった皆さんの中には、やはり何か変だと感じている方はおられるかもしれません。何しろ非物質概念を知らない限り分からないことなのです。

この〝時間が進む・遅れる〟とか、〝空間が歪む〟という言説については、皆さんもきっとどこかで耳にしたことのある話ではないでしょうか。特殊相対性理論の話の他一般的な科学の話題として、あちこちで必ず登場するものですから。

先ず初めに、高速で移動している宇宙船の中では〝時間は遅れる〟のだそうです。このことについて問われたアインシュタインは、高速で運動する物体における時間は、ゆっくり流れるのだと答えたという話もあるらしいです。

さらに、一般相対性理論によれば、光が太陽の近傍を通過する時、その進行方向が曲がるということを説明するにあたって、この現象が起こるのは、太陽の持つ巨大重力の周辺の〝時空が歪む〟ことで起こると説明されることです。すなわち巨大質量の物体は時空を歪ませるという言説です。さらにさらに重力の元は、〝時空の歪み〟にあるなどとまで言われています。これも、かのアインシュタインの言だそうです。

やはり何か変・奇妙ですよね。

では解明していきましょう。

時間とか空間という物理現象など存在しないことを、私たちはもうすでに知っています。ですから時間が速く進むとか、空間が歪むなどの物理現象などそもそもないものです。ということは、時間が速く進むとか、空間が歪むなどという概念そのものがないということです。今のところ、誰も変・奇妙と思ってもいないもの（私だけがそう言っているもの）の〝変・奇妙〟は、先ずここにやはりありました!!

私がここで指摘したいのは、いわゆる時間が速くなるまたは遅くなるというものと、時空が歪むという「現象」についてです。時間と空間というものは〝非物質現象〟としてのみ存在するものです。物理現象としてそれらは存在していないとすでに結論することができました。ではもしも時間の流れという物理現象があったと仮定すれば、その流れをたどって時間の0点へ行けば、宇宙の始まりなど立ち所に解決してしまいます。空間が歪むというのなら、その物理的状態を物質コトバ、すなわち実験・観測で示してもらいたいものです。そんなこと決してできようもないのが時間であり、空間という非物質でしょう。すなわち非物質なのですから物理的には説明しようもないのです。ですから時間の流れが変化したり、空間が歪んだりなどの物理現象など存在しないし、するはずがないものです。そもそもその概念自体がないのです。

従って相対論に登場するこれらの言説については、〝解釈〟すべきは、そういう時空の歪みという〝イメージ〟に沿って力や状態に〝変化〟が起こっているすなわち、何らかの〝物理現象〟が起こっているのだと解釈してやればいいだけのことなのだと私は主張したいし、これ以外にその意義は全くないということです。ですから、その変・奇妙は、物質コトバとしての〝数式コトバ〟の解釈の問題にあったということになります。

数式というものは、〝コトバ〟ですから、常にこの解釈問題を抱えているものです。必ず、〝解釈〟を迫られています。そこで解釈を誤ってはいけないのです。特に物理理論の世界では、要注意ということではないでしょうか。

これで、このことに対する私の変・奇妙の謎は解明できました。

9―4―2 〝浦島効果〟と〝SF話〟の謎を解明する

高速移動する宇宙船の中では〝時間が遅れる〟という言説があります。超高速で移動するロケットでは時間が遅く進むため、それに乗って宇宙旅行をしているヒトは遅く年を取る。だから地球に帰ってきた時には、地上で待っていた双子の弟の方は年を取っていて、帰ってきた双子の兄は若々しかったなどというものです。このことを、わざわざ〝浦島効果〟と呼んで実際に起こるのだなどとまで言われている話です。一種の解釈ということです。海外では、このことを双子のパラドックスと言うそうです。どの本にも必ず記されている話です。あたかも信じ込んでいるかのようです。

これとて全くおかしなもので、現実すなわち物理的にそうなるなどという証拠は全く示されていない言説であるということです。ここでの物理的証拠とは、時間の流れという物理現象を示すことにあります。こんな物理現象などないことなど皆さんにとってはもうすでに明らかなことです。ですから浦島効果などという〝物理現象〟など、この世には存在しません。絶対にありません。この双子にある時間は、〝生物時間〟だけですから、それに応じた年の取り方があるだけです。

やはり、これも〝解釈〟の問題なのです。要するに解釈を誤っているのです。こんなバカな話が現実にあるのだとする解釈など全くあきれたことでしかありません。もはや謎などでは全くありません。

時空とは、あくまで非物質すなわちイメージとしてのもの以外の何物でもないものだということは読者の方ならもう完全に理解の及んでいることと思います。

この生物時間は、この兄弟にも等しくあるもので、高速移動には全く関係などないものです。

さらに時間や空間にまつわる話で〝ワームホール〟とか、その他SF絡みの話は、全てにおいて非物質世界での話です。何しろ〝実験・観測〟が全くできないのですから。もう全くの非現実そのものだということになります。明らかです。物理学者の立ち入る場所ではありません。身も蓋もない話でした。

9–4–3 〝スカイツリー実験〟の謎を解明する

この謎も、今のところ誰も謎とは言ってはいません。私が、そう言っているだけです。しかしおかしいのです。

この実験も、やはり時間が進む、遅れるという現象が存在するという〝前提〟で、その進み方、遅れ方を、東京にあるスカイツリーを使って測定して、相対性理論の正しさを検証する目的で行われたという実験です。テレビで放映されていました。首尾よく実験は成功して、理論の正しさが証明されたそうです。何か変・奇妙ではありませんか。そもそも時間の流れという物理現象などないのですから。このないものをどうやって捉えて、それを検証にかけることができたと言うのでしょうか。しかも実験してみたら正しかったなどという話が大手を振ってメディアを通じて話題にまでされているのです。

その実験とは、超精密な〝光格子時計〟を使用して証明したのだという話になっていました。ちょっと待っていただきたい（先ずもって時間の流れという物理現象など全くないのに、〝これぞ時間の遅れそのものだ〟などとの、とんでもない話ではないでしょうか。もしかしたらこれは、ただ時計が遅れただけなのかもしれませんよ～～～）。

さてその実験は、2019年に東京スカイツリーを使って、高度差450mに超精密な光格子時計を2台、上と下に設置してそれぞれの時計の時間の進み方を比較したというものです。どこの誰がやったのかには触れません。実験者の名誉のためです。その結果、地上450mにある時計の方が4ナノ秒だけ早く進んだそうです。地上の時計は当然±0です。

さて、この実験は一体何を実験したことになるのでしょうか。皆さんはもうお分かりでしょう。

この実験で行われていることは、時間の流れという物理現象（そもそもない）を見ているなどというものでは全くなく、〝光格子時計が狂った〟という現象を見ているにすぎない実験なのだということに気づくはずです。

その狂った原因はといえば、光格子時計内で発生している光の励起振動が、地球重力の影響を受けるという〝物理現象〟によって、相対論に対応した量だけ〝時計時間〟が速くなった、すなわち狂ったと〝解釈〟すべきなのです。一種の観測問題と言えます。

この微妙な量の変化であったとしても、正確に狂うのですから、この時計を利用して、逆に高度の微妙な変化を捉える測定器とすることだってできるでしょう。

〝時計時間〟というものは、あくまで〝人為時間〟です。非物理時間です。光格子時計とて同じ時計時間です。

考えてもみてください。光格子時計のような超精密な時計などを使わずに、超精密な〝機械式時計〟を使って（思考実験をしています）同じ実験をしてみれば、こんな狂いが生じるわけもないことなどすぐに分かることでしょう。絶対狂わない機械式時計を使っているのですから狂う余地などありません。機械式時計は、重力の影響など全く受けません。しかし光格子時計は、重力によって狂うのです。光格子時計だからこそ狂うのです。これだけのことです。

私にとっての変・奇妙な謎は、解明できました。

こういった時間・空間に関する理解の誤りについては早々に正してもらわなければならないことだと思います。

相対論とは重力理論だと言われるように、〝時空〟とか、〝時空の歪み〟などという非物質部分は、直接そこにある物理現象（実際に起こっている物理現象そのもの）に帰結するものではないものであって、時空が歪んだというイメージに沿って、現実の物理現象（重力によって光が曲げられるなど）のみが起こっていると理解すればよいことだということを知るべきです。よくよく非物質意味には留意しなければならないことだと思います。

宇宙論や量子論においてタイムワープしたり、瞬間移動したり、多次元宇宙があるなどという言説は、この非物質としてのものであろうことは想像に難くないことでしょう。現実に物が存在する自然という世界は、あくまで三次元であって、これに時間をプラスした四次元でしかないものです。これで記述できない現象風な理論は、私に言わせれば全てこの〝非物質意味〟となっているはずのものに違いありません。それ故非物質となっている部分は不思議でしかないものです。実験観測など決してできない世界です。自然は不思議ではできていません。あくまで自然は〝現実〟です。無為自然です。

このように非物質世界は、非物質故に全く〝不思議〟となっている世界です。

9－4－4　皆既日食観測に関する謎を解明する

これも同様に私の謎です。

これも、アインシュタインの一般相対性理論に関係して行われた観測実験です。アインシュタインは、大きい質量の天体の近くを通る星の光は、その質量によって〝時空が歪む〟ことで、光の進路が曲げられると、理論から予言していました。それを確かめようと行われた観測です。この時空の歪みという謎です。

イギリスの天文学者であるアーサー・エディントンは、皆既日食を利用して、太陽の後ろにある星から来る光を観測することで、この光が、理論通りに、実際に曲がっていることを確認できました。正にアインシュタインの予言通りに。

さて私の話は、ここから先にあります。時空が歪むと言ったのは、このアインシュタイン自身なのだとされています。しかし誰が言おうとも、このような物理現象など存在しないことは、もはや誰の目にも明らかなはずです。私が今〝はずだ〟と言ったのは、世界中の物理学者たちが、この時空の歪みというものが物理現象なのかどうかということなどに意識や関心を向けたことなどないはずのものと、思われるからです。何故こんなことを言うのかと言えば、この時空の歪みというものに、具体的に迫って解決を見たという話など未だにないからです。「時空の歪みなんて何か変だけど、かのアインシュタインがそう言っているんだから、まあ気に留めることなんかないんだよ」としているだけなのでしょう。ただ思考停止して、その言説だけを鵜呑みにしているだけなのが実態なのだと私は思います。〝非物質概念〟を持たない限り、それを言い当てることなどできない現象だからでもあります。そもそも時空が歪むなどという概念そのものが存在しないのですから。

でも皆さんにあっては、もう理解できていますね。そうです、皆さんは、世界の物理学者たち以上の知識をもう手にしています。

さてこの実験結果が、あまりに見事だったことで、この〝時空の歪みが重力の元〟と言った大きな誤った理解をしてしまっているのが現状だということを私は指摘したいのです。この点において変・奇妙があるのです。皆さんなら、もう納得していただけるのではないでしょうか。

アインシュタイン自身が言ったことなので、皆信じてしまっているのでしょう。これでは、自然を正しく見ることなどできないのだと言いたいと思います。世界中の物理学者が、このような解釈をしているように見えます。もしくは、変だ、奇妙だと思っても、それが何故なのかを指摘できないでいるのかもしれません。そして今では〝時空の歪みが、重力を生み出す〟のだということになってしまっています。

でもしかしです、世の中は広いものです。「時空などというものは、何ら物理に帰結しないから、私には興味はない」と言ってのけるある一人の物理学者もおられるようです。きっと非物質性を実感しているのでしょう。しかしそれが、非物質概念がそうさせるのだとは知らないでしょうが。

話を戻します。

では、私にとっての変・奇妙な謎を解明していきます。簡単です。

果たしてその現場では、どういう〝物理現象〟が起こっているのかを考えればいいことです。要するに光も物体です。その光が、大きい質量の太陽の近くを通る時に、光は太陽質量に引っ張られて（万有引力）、その進行方向が、〝時空の歪み〟というイメージに沿って、曲げられた、すなわち〝光の行路が変化〟したという〝物理現象〟が、起こったのだと解釈する以外にこの実験結果を、物理的に評価できません。

こういう〝引力現象〟という物理現象があるからこそ起こった自然現象なのであって、エディントンは、それを物理的に観測できたということなのです。

観測できるのは、物理現象（物質現象）だけで、時空の歪みなどという非物理現象（非物質現象）など観測の対象にすらならなり得ません。

もしも、時空を歪ませるということに変だ、奇妙だと思っていた物理学者がいらしたら、これで納得していただけるでしょうか。一方正しいと思っていた方々は、いかにお思いでしょうか。ちなみにこの実験・観測は、物理現象を直接捉える「ボール実験」になっています。

これで私の変・奇妙の謎は一応解明されました。しかしそれは、一応なのです。

私の話は、まだこの先にもあります。こっちの方が重要かもしれません。

それは、光も物体なのだというところへ話は行きます。この時、物体とは光子だとしてもいいでしょう。物理学者たちがどう思っているか知りませんが、光も物体であると捉えなければならないと思います。

と言うのは、現在の物理学では、光には質量がない、いわゆる〝ゼロ〟だとされています。ではそうだとすると、太陽と光の間には、何ら物理現象など起こらないことになってしまいます。それとも別な物理現象がなければなりません。そうでない限りエディントンの観測にはかからないはずなのですから。

しかし実際には、太陽と光の間に、何らかの物理現象があったから、光の進路が曲がって、観測にかかったわけです。この物理現象は、太陽と光の間に〝引力現象または重力現象〟が起こっていると考える以外の物理現象など他には全くありません。これ以外の何か新しい物理現象など多分ないでしょう。現在存在すると考えられる物理現象は、この万有引力物理現象のみであろうし、この物理現象というものは、〝力〟に関連して起こる現象ですから。

そうです。実は、光には質量があったのです。ゼロではなかったのです。そうでないと実験結果を認めることができなくなってしまいます。と言ってもこれは、私の「予言」でしかないものですが。しかしそうでないと万有引力現象が起きないことになるからです。光の行路も曲がらないからです。

大胆にも私は、〝光にも質量がある〟と予言しています。しかもこの質量は、かの一般相対性理論の中にすでに存在しているのだとの予言もしておきたいと思います。

その根拠は、エディントンの結果から導くことができるはずだからです。すでに織り込まれているはずだと考えられるのです。エディントンは、太陽近傍の空間の歪みを計算しているはずです。そこを通った光は、その時計算された時空の歪みに応じた経路に従った量の引力を、太陽との間に発生させているはずなのですから、計算すれば分かることでしょう。こんな計算ならごく簡単なはずです。相対性理論が、重力理論だとすることにも照合していることと思います。どなたかに算出していただきたいものです。

相対性理論とは超難解で、これを理解しているのは、作った本人のアインシュタインと私の他に誰かいるのかとまで、エディントン自身が言っているらしいです。

アインシュタインの予言していたものを、観測で示したのですから、この時から相対論の地位は、世界中で高まったそうです。ですから今では、逆に、自然をこんなに見事に記述できるのに、何故ミクロの世界（量子世界）に対しては、こんなにも無力なのかという疑問になってしまうという〝変〟なことにもなってしまっています。この〝変〟に対しても私は、解明しています。後で述べることになります。

光にも質量があるという私の予言について、もう少し触れておきたいと思います。

光は、物体なのだと私は言いました。光子です。物質世界にあるものは、それが何であれ、そこにあるということ自体、「物体」としてあるということになるのだと考えるからです。量子とて物体です。当然だと思いませんか。そうでないと、ないとかゼロとかになってしまって、そもそも考える必要すらないことになってしまいます。これ自体変なことです。そもそも自然の中に〝ゼロ〟はありません。

光や重力（引力）というものも、ここに明らかに存在しているものです。物の世界に存在するのですからそれは、物体としてのものだということです。現実の「ここ」という物質世界に、物体としてあるはずなのです。ないとかゼロではない、「ある、物体としてある」という物質世界にこそ〝存在〟しているものが、光や重力の存在です。ですからこれらにも質量があって、れっきとした質量を持った物体として存在しているもののはずなのです。だからこそ観測にかかって、その物体としての姿がこの世に現れたのです。

さらに、この光に質量があるとすることで、光電効果やコンプトン効果というものについても、ここでは省きますが、そこで起こっているはずの現象そのものを、物理現象として説明できるのです。やはりこれも、今のところ物理現象としてのものは何ら語られてはいないものです。これも観測問題の一つだと思います。

こんなことを、物理学者の方に果たして分かってもらえるのでしょうか。

さらにこの皆既日食観測について言えることがあります。というのは、アインシュタインもエディントンも、彼らは、何らかあるはずの〝物理現象〟を何ら示してくれてはいないのです。これでは片手落ちです。観測問題が残ったままです。光の進路がただ曲がったというだけの事象では、現実に存在するはずの、具体的な〝物理現象〟は、何ら示されてはいないということにおいて、〝ボール実験〟と同じことになっているからです。物理とは、何らかの物理現象を記述するものでなければなりません。本当はこの実験は、直接実験である「バケツ実験」

となっているのに、わざわざ解釈のときに「ボール実験」解釈に留まっているのです。

やっと結論に達しました。

太陽の後ろにある星から出た光が、太陽近傍を通過する時にその進路が曲がったのは、太陽質量と星の光の質量との間に、万有引力が生じるという〝物理現象〟によって曲がったということになります。

これで私の変・奇妙な謎は解明されました。


追記しておきます。

光とは実に不思議なものだということです。

光には、質量はないが、エネルギーはあるとされています。これも変の一つです。

エネルギーがあるということは、質量があるということにつながっているはずだからです。

最も有名な式があります。$E=mc^2$です。この式によれば、エネルギーは、質量と等価であるということを記述しています。ということは、エネルギーがあれば、等価な質量があると言えるわけです。

従ってエネルギーがある光には、質量があるという私の仮説も、あながちウソでもなさそうです。アインシュタインは、こんな風には考えなかったのでしょうか。

実は光には、さらに不思議があります。光が物質であるとすると、この物質が映像という非物質を生んでいるということになるからです。物質が非物質を生むなどということができるのは、ヒトとこの光くらいでしょう。しかし光は、物理現象としてそれをやっています。

さらにボール実験のような非物質事象を生むのも、やはりこの光によるものなのです。状態という非物質事象は、光が生み出しているものです。

何とも不思議で、これ以上考えられません。ここまでとします。

9-4-5　重力波観測に関する謎を解明する

この謎も、やはり私だけのものです。

ここにも観測問題すなわち認識問題が、存在しています。私の主張です。

重力波とは何かと言えば、はるかなる宇宙の何処かで、例えば二つのブラックホールが合体するという物理現象がたまに発生するそうです。ブラックホールの質量は巨大です。そんなものどうしが合体するのですから、そこにはきっと、合体によってかき回された重力の波が起こるぞという予言が、やはりアインシュタインによってなされていました。

それを観測する方法が考案され、結果、それを観測することができました。ノーベル賞を受賞しました。

はたまたここにも、二つの変・奇妙な謎があります。とは言っても、今まで誰も、本当に世界中の誰もまだ指摘していない、と言うよりも指摘できないでいるものたちがあるのですが、うすうす分かりませんか。やはり非物質絡みです。非物質概念を持たないと見えてこないものだからです。

その一つ目の変・奇妙は、そもそも重力波とはいったい何だということです。やはり、どういう〝物理現象〟が起こっているのかということが、不明なままとなっているということです。どういう物理現象が実際に起きているのかが記述できていないのです。何となく重力同士が混ざり合って重力の波が起こっているのではないかという気分なのだと思います。この重力の波というものを物理現象として記述できていないのです。ですからこの観測は、ボール実験になっているということです。

二つ目の変・奇妙は、この重力波観測では観測の根拠が、またしても〝時空の歪み〟という非物質現象で説明されています。ボール実験なのですから当然なのですが。しかし、これでは何ら説明になれていないものです。

ですからこの変・奇妙を解くカギは、前項の〝光〟と同様、〝重力〟も物体としてのものであって、この重力にも質量がなければならないということになりそうです。重力にも質量があると考えて初めて、そこにある〝物理現象〟を記述できるからです。またしても光と同様に、重力にも質量があるという予言へ行きそうです。

この重力波観測は、あるはずの物理現象がまだ解明されていないことで、その物理現象が何であれ、とりあえず何らかそこから発生するであろう、予測可能な〝性状〟の方を、間接的に先ず観測してやろうではないかとなっているわけです。正にボール実験なのです。

これに対して、前項の皆既日食観測では、目の前で起こっている物理現象、すなわち二つの質量間に引力が発生している現場を直接観測していました。こちらは、いわゆる〝バケツ実験〟でした。

こういうところが変・奇妙なのだと私は主張しています。

さらにこの変、奇妙を説明するのに、別の説明の仕方もあります。今度はそれで説明してみましょう。

この観測方法は、非物質現象世界すなわち非物質事象を記述するものとなっているものであるということを先ず知らなければなりません。ボール実験だということです。非物質現象世界ですから、それを説明するのに、やはり同じ非物質現象を通して説明されることになるわけです。案の定、この観測結果を説明するのに、〝時空の歪み〟という非物質現象のせいにせざるを得なくなっているということです。これも変・奇妙の原因となっています。

要するに説明していることが、そもそも物理現象ではないものを説明しているわけですから、そこには科学の〝一部〟だけが語られているだけなのです。純粋な物理世界ではありません。合っているところだけが有効となっているだけです。

やはり、これも観測問題すなわちヒトの認識問題です。

この変・奇妙を解消するには、光の時と同様に、また予言をしなければなりません。それは、重力も物体なのだということです。〝重力子〟という物体にしてしまいましょう。この重力子も質量を持っているのだとするのが私の予言です。仮説でも結構です。こうすることで初めて観測装置の中で起こっている物理現象を記述できるようになります。逆に、そうしないと全く説明できません。やはり重力という力の及ぼす重力現象で記述できるということです。それは次のようなものでしょう。

二つのブラックホール内の重力子（物体）が、合体に伴って、爆発的に且つ複雑に万有引力現象を起こし合うことで、それまで安定していた重力子の存在が、かき乱されてしまいます。このかき乱された重力子の波の大部分は、万有引力現象によって中心部に留まりますが、〝一部〟は、爆発的エネルギー放出によって生じた〝斥力〟によって、全天の空間に放出され、周囲に伝播していきます。この一部としてのものを〝重力波〟として観測していることになります。物理現象としてのものです。

脇道にそれますが、さらに重要な物理現象が、ここで起きていることを指摘しておかなければなりません。まだ誰も考えたこともないことでしょう。すでに記してしまっていますが、それは、一部の重力波が飛び出るためには、〝斥力〟が存在するはずだということです。宇宙膨張を起こしていると言われる力と同じものです。この斥力については、未だ明確には記述されないもののようです。これについても、私は予言をしておきたいと思います。重力波が生じるためには斥力があったはずだということを。

そもそも斥力とは何かと言えば、何らかのエネルギーの放出に伴って生じる力だと言えます。自然にある斥力は、これだけでしょう。例えば火山の爆発など。

斥力にはもう一つあります。それは、ヒトが人為的に作り出す力です。腕力に始まり機械力その他あらゆる人工的力は、全て斥力としてのものです。そして万有斥力などというものは未だ発見されていません。多分ないのでしょう。宇宙膨張論にあってさえも、この斥力が語られることなどありません。

この斥力の存在は、重力波がやって来るというその相対性理論の中に果たして記述されているのでしょうか、アインシュタインに是非聞いてみたいものです。私にとっての謎の一つですから。

さて重力波に戻って、その一部を観測できたということは、二つのブラックホールの合体は、斥力を生むほどの爆発的なものだったということを示していることになります。

以上から、私の主張する重力波の物理現象とは、次のようなものと考えるものです。

二つのブラックホールの合体は爆発的に起こります。そうすると、そこに存在する重力子どうしは、猛烈な勢いで万有引力現象を起こし合います。その引き合った重力子の大部分は中心へ集まりますが、周辺部の一部のものは、爆発で生じた斥力によって、宇宙空間へと放出されることになります。ここで放出されたものは、あくまで重力子と言う物体だということになります。この物体が観測にかかったわけです。

物理学とは、あくまで物理現象を記述する世界でなければなりません。いくら非物質現象を持ち出しても変、奇妙・不思議にしかなりません。しかし、この非物質現象において起こっている〝一定的な解〟は応用していいものです。〝一定的な解〟というものは、裏にある、何らかの物理現象の結果としてのものですから、科学的事実とすることのできるものではありません。しかしあくまで純粋な科学ではないものであって、科学の一部とでも呼べるものでしかありません。〝一定的〟と言うところにだけその意義はあるのです。〝解〟だからです。

では重力波検出装置の中で、どんな物理現象が起こっているのかということです。そこでは、引力子（重力子）という物体と光子という物体どうしが、装置の中で〝万有引力〟現象を及ぼし合っていて、その結果現れた性状、姿、形を捉えているということです。これだけのことです。要するに、装置の中で〝引力子〟と〝光子〟が、引力現象という物理現象を起こしているということになります。

ここで起こっているのは、あくまで〝引力現象〟であって、決して〝重力〟とは言えないものだと私は思います。重力とは、あくまで地球重力であると考えたいからです。力を何でも重力とするのは、現象を見誤ってしまうのではないかとも思います。

いずれにしても、この装置自体は、超精密装置です。何しろ〝引力子〟と〝光子〟が装置の中で〝物理的〟に合体しているところを捉えているわけですから。この時の光とは、レーザー光です。これら引力と光には、ともに質量があるからこそ、万有引力現象という物理現象を起こしているものです。もしかしたらこの引力質量も知ることができるかもしれません。多分簡単な計算のはずです。何しろ観測にかかっているのですから。その上相対性理論ですから。

これで私の変・奇妙な謎は解明されました。

くどいようですが、さらにもう一つ予言があります。現在の科学では、引力は、瞬間に伝達されると考えられていることについてです。この〝瞬間〟という概念も、自然には存在しないものです。瞬間ということは、時間がゼロということです。ゼロや無限は、自然にはない概念です。引力にもし質量があるとすれば、絶対にこういうゼロにはなり得ません。何らかの〝一定〟の引力波速度が存在しているはずです。光速度一定と同じ現象です。

自然に、無限や瞬間などあるはずはありません。それ故に自然だということです。光と同じく、引力にも質量があることの証拠でもあると言えると思います。引力質量は、光のそれに比べていかに小さいものか想像を超えていることでしょう。

実は、さらに、さらに、くどく、くどく、予言をしなければなりません。それは、世にいうダークマターは、この引力子群であるということです。この引力子が質量を持っていることでダークマターとしての機能が発揮されるということです。

宇宙の始まりにおいて存在していた物質の総量に応じた引力子が、ビッグバンによってかき回されて、その大部分は万有引力現象によって中央部にとどまり、一部は斥力によって放散してしまっているものと考えられます。この時の引力子は、決して重力子ではありません。

蛇足ですが、前にも述べましたが、物理現象というものは、〝力〟に関係する現象だけのことを言います。これ以外に物理現象は、ありません。自然現象は、全てここに還元されます。一方物理現象以外の現象（他の科学現象は除きます）は、全て非物質現象だということになります。

9－5　量子論における謎（観測問題）を解明する

ここでの謎は、私だけのものではありません。いろいろな方が謎だと言っているものです。現在の量子力学世界は、実に変で奇妙で不思議な世界となっていると思われます。〝誰も理解できない量子力学〟とさえ言われている奇妙な一面があるのです。本当です。まあ、変で奇妙で不思議とくれば、それは非物質世界だと言えるのは確実です。この量子力学世界には、明らかに〝観測問題〟というものがあります。現に量子力学世界でこう呼ばれているのですから。

さて、〝いわゆる〟量子力学世界にある、この奇妙さについては、理解できる派とできない派に、初めは分かれていました。しかし今では理解する派がほとんどであって、もともとできない派は黙っているだけのように私には見えます。相変わらずその奇妙さは残っているのにと私は思うのですが。理解する派は無理を承知で理解することを決め込んでいるのではないのかとの疑念を私は持つものです。だってこの奇妙さは、誰の目にも明らかに変で奇妙なのですから。

一方、その奇妙を心底受け入れていて、ある物理学者などは、まるで〝信じ込んで〟しまっているようです。信じるか、目をつぶるか、黙りを決め込むなど〝変・奇妙〟以外の何ものでもありません。

アメリカの物理学者リチャード・ファインマンは、〝誰も量子力学は理解できない〟と言っていますし、量子力学の骨格を作ったオーストリアの物理学者エルヴィン・シュレディンガー自身が晩年述懐して、「私は量子力学に関わったことを後悔している」とまで言わしめるような内容になっているという、問題や変・奇妙が存在しているということです。

さてこの問題を解くためには、相対論のところでも出てきた〝観測問題・認識問題〟に登場してもらうことになります。全く同じことです。観測問題としてすでに第9－1－2項で述べていますが、要するに、問題となっている実験観測が、ボール実験なのかそれともバケツ実験なのかが問われているということです。これが分かればいいだけのことです。たったこれだけのことで解明できてしまいます。

さて量子の世界とは、物質は何でできているのかを知るために物体を分解し、分解しを重ね、その成り立ちを知ろうとする世界です。分解したものがあまりに、小さいところまで行ったものですから、そのものを直接観測することができなくなり、間接的にしか確認できないというところまで行ってしまっています。物理現象を直接見る技術がないことで、間接的に観測した状態を〝解釈〟する上で、確率で表現することになったり、観測状態そのものの姿かたちにだけ目が行ったりと、その状態に関してだけの様々な理論構成がなされることとなっています。

実は、この実験はいわゆるボール実験と同じ事象となっているものなのです。決してバケツ実験にはなっていません。間接的な実験だからそうなるのです。ですから量子実験で見ているものは、あくまでボール実験における放物線と同じものとなっています。量子実験をした時に、実際に量子がたどった挙動の結果としての姿かたちという〝状態〟を目にしているのが実情だということになっています。この状態というものは非物質です。

さて、量子実験観測したその〝状態〟はと言えば、観測を実行するまで決まっていなくて、観測した瞬間にそれは決まるのだといった解釈上の〝想定〟のもと、その状態を状態方程式という数式で表現することになります。そうして、その数式から得られる意味をさらに〝解釈〟

すると、〝生きた猫〟と〝死んだ猫〟が〝同時存在〟していて、観測した時点でどっちかが生きているか死んでいるかが決まるのだという解釈も可能となってしまうものです。かの有名な〝シュレディンガーの猫〟状態です。こんな解釈も可能な理論になっているということです。これこそ先ほどのシュレディンガー本人が作った方程式なのですが、そんなバカなことがあるはずはないと本人が、述懐することになったものです。

このことを量子力学では、「重ね合わせ状態」とか「量子もつれ」と名付けて現実に存在している現象だということになっているのが今の量子力学〝解釈〟です。

このことに対して、アインシュタインたち物理学者3人が、こんなことは矛盾ではないかと言って、この状態を現実のものとは認めたくないと言っているわけです。この主張は、〝ＥＰＲパラドックス〟として有名です。

一方これを素直に受け入れるべきだとして、この矛盾を否定した物理学者ボーアは、アインシュタインに、これは、「実在」なのだとして説得しています。しかしアインシュタインは、不満ながらもこれに反論する術は持ち合わせていませんでした。

さて皆さんは、どう思いますか。思うに、ボーアは、アインシュタインに求めた「実在」の意味を、ボーア自身知らなかったのでしょう。そもそも「実在」とは、非物質と物質の二つの世界のそれぞれにあるものです。そのことをボーア自身、先ず知る必要がありました。「実在」

は、非物質の世界に実在し、且つ物質の世界にも実在しているものです。哲学しているのではありません。念のため。

このボーアは、量子力学の奇妙さを、最初に受け入れた物理学者です。〝量子力学の主導者でもあります。何か変で、何か奇妙です。

ここまでが、「重ね合わせ状態」「量子もつれ」というものに対する理解の変・奇妙ということです。要するに理解できるヒトとできないヒトがいるということです。

量子力学の変・奇妙は、関連する数式の解釈にもあります。

量子力学の肝となっている〝重ね合わせ状態〟〝量子もつれ〟状態を表す式として三つの方程式があります。そもそも一つの実験に対して、同時に三つも数式が現れること自体私にとっては変で奇妙に見えてしまいますが、この点については、今は議論しません。

これら三つの式とは、それぞれハイゼンベルクの「行列力学」シュレディンガーの「波動方程式」そしてファインマンの「経路積分」の三つとなっています。この3式とも、この状態を表現することにおいては、全く同じ意義となっています。すなわち同じ解が得られています。

これら3式とも〝状態〟をよく記述していて、〝一定的な同じ解〟を持っていますからある意義において科学にはなれているものです。しかしそれは科学の一部でしかありません。間接的だからこうなってしまうのです。ボール実験ですから当然です。

しかも3式とも全く同じ〝表現〟ができるのです。何か変で奇妙ですね。逆に三つの式で、同じになるのですから、こんなによいことはないではないかという考え方もできるとでもいうのでしょうか。


「行列力学」などを見てみれば、どう見ても力学などには見えないものではないでしょうか。数式の中に〝力〟が全く見えません。

「波動方程式」なるシュレディンガー方程式を見てみれば、例の猫問題を抱えています。

「経路積分」の考え方について見てみれば、そこでは粒子はあらゆる経路を同時に通るものと考えます。それは宇宙の果てまでも通っていて、その経路の全てを足し合わせるなどということになっています。さらに変なのは、このことに関連して量子が瞬間移動して、東京と大阪間どころか宇宙の果てまでもの空間に同時に存在しているのだとされています。

いずれも解釈において変・奇妙となってしまっています。


ということで、こういう解釈ができてしまう数式の意義はいったい何なのだろうかというところに問題はありそうです。それにしてもいったいどうしてこんな変なことになっているのでしょうか。世界の名だたる物理学者や脳科学者、哲学者等々といった誰も、これまでこの変・奇妙を解決できないでいる〝観測問題〟なのですから。

ではそろそろ問題解決へと向かいましょう。しかし実は、答えはすでに出しておいたのですがお気づきでしたか。そうです、問題となっている重ね合わせ状態、量子もつれ状態という観測事象は、果たしてボール実験事象なのかバケツ実験事象なのかが問われているだけです。簡単に分かります。それは、ボール実験事象が正解です。

このボール事象の世界は、非物質世界ですから、何ら物理現象を記述していません。重ね合わせ状態に見えるという事象は、何らの物理現象を記述しているわけではないということです。ボール実験における放物線すなわち非物質を見ているのです。

得られている一定的な状態は、裏にある物理現象のもたらすものですから、〝科学的事実〟にはなっているというだけです。ですから応用していいものとはなっています。ただし、純粋な〝物理〟では決してありません。

ということは、この重ね合わせ状態というものが、〝量子の物理現象〟として現実世界に存在しているという証拠には、全くなっていないということです。すなわち単にそのような〝状態〟として目に映っているだけなのです。物理現象ではない非物質現象としてのものでしかないものです。

ということで「重ね合わせ状態」「量子もつれ」とは、〝状態〟という非物質世界のものです。意味世界（C）にあるものです。ボール実験と全く同じ〝状態〟としてのものです。非物質事象です。物理現象などでは決してありません。


以上のように現在の〝量子力学〟と称して観測において見ている世界は、単に姿かたちの世界だということになっているのが実情です。ということは、〝力学〟はどこにも存在していない世界だということになります。その証拠に、この3式には〝力〟の記述は全くありません。ましてや素数や複素数なども入り込んでいます。これらは、〝状態〟をよく記述するものです。決して物理などではないものです。3式が記述している世界は、観測結果の状態ですから、〝量子力学〟改め〝量子状態学〟とするべきでしょう。

結論は、こんなことに落ち着きました。

これで一応、変・奇妙は解決しました。しかしあくまで一応なのです。


さてここからは、さらに、いわゆる〝量子力学〟世界で、まことしやかに言われている変・奇妙に迫ってみたいと思います。

重ね合わせ状態のことを、これとは別に〝量子もつれ〟〝絡み合い〟などとも呼んでいるようです。

これらは、ともに非物質事象でした。これらの状態が存在することを、実験で示すことができるという別の実験方法を見つけたという研究もあります。二つくらいありそうです。その一つに〝ベル実験〟というものがあります。

実は、このベル実験は、ボール実験になっているもので、結果として、一つの非物質現象（ボール実験現象）を別の非物質現象（別のボール実験現象）で証明したということになっているだけです。案の定、ある状態が現れるその現れ方を〝確率〟を使って証明したことになっています。そもそも ボール実験であるものを、他のボール実験で証明したところで、ボール実験がバケツ実験に変わるわけではありません。しかも確率は、そもそも科学にはなれません。非物質です。

これも変・奇妙の一つです。

二つ目のものは、最近のノーベル賞となった実験です。量子のもつれ状態が生じることを、やはり別の実験で証明したというもののようです。私自身この内容については、全くどういうものなのかは知りませんが、しかし、非物質現象の存在を証明したというのですから、やはり変で、奇妙だということになります。多分非物質現象を使って証明したことになっているであろうことは、確実でしょう。ベル実験と同じく、もともとのボール実験を別のボール実験で証明したという構図は変わらないと思います。

ボール実験が、バケツ実験に変わるわけはありません。

他にも量子力学世界では、〝不確定性〟〝非局所性〟〝量子テレポーテーション（瞬間移動）〟など、そもそも物理世界などではない〝重ね合わせ状態〟から導かれるものとして、いかにも現実にあるかのような論（理論とはそもそも非物質のものだということを思い出してください）が展開されるのですが、これらが記述するものは、明らかに、全て〝非物質事象〟を記述しているだけというものです。ですからこれらのワード（用語）は、〝非物質コトバ〟ということになっているもののはずです。すなわちこれらは、全て物理現象には帰結しないものです。物質コトバに変容しません。できません。実験観測など全く不可能なものばかりです。

要するに、それらにまつわる〝論〟は、全て物理学ではないものです。と私は、考えるものです。いかがでしょうか。

やはり変で、奇妙なのでした。

こういう非物質現象など、今の科学世界には、あふれるほど存在しているもののようです。特に最近の理論物理学の世界においては、このような非物質世界がもうすでに入り込んでいるのではないでしょうか。要するに物理現象ではないものが、このヒトの世には無数にあるのだということです。そういうところに確率なる概念まで持ち出したら、それはもはや物理、科学にはなりませんし、なれません。絶対に。

量子コンピュータという話題にも触れておかなければなりません。

現在の量子コンピュータなるものは、重ね合わせ状態が一定的に現れるという事象を応用することで可能な世界となっているものと言えます。ただしそれが可能なのは、何も量子の挙動実態（物理現象）から得られているものではないものであって、〝重ね合わせの状態〟という〝姿かたち〟を、技術的に作り出すことができるということに気づいたことから、この量子コンピュータのアイデアが浮かんだのだということです。

直接的な量子の挙動というものを応用しているものでは、決してないものです。あくまで量子の示す姿かたちを応用しているだけです。ですから〝量子コンピュータ〟と呼ぶには、ちょっとおこがましいところがあると思います。いえやはりこの呼び名は、正しくありません。

通常のコンピュータのＡＩのことを〝人工機能〟と呼ぶべきところを人工知能としてしまうことや、このＡＩにおける深層学習などとの呼び名にしても、学習などというものではなく、単なるデータの〝深層処理〟というものであって、いわゆるヒトの行う〝学習〟とは、全く違う意味なのです。学習というのは、ヒトにしかできないもので、それは非物質の意味を扱う能力のことを言うのでした。やはりおこがましいのです。そうやってヒトを誤らせるのですから。

さらに申せば、最近の生成ＡＩなるものもやはり単なるデータ処理機なだけであって、知能とは、全く違うものです。さらにこれは、単なる〝贋作製作機〟でしかないくせに、あきれることに他人様の情報を勝手に使って、いや積極的に盗んでそんなことをしているのです。こんなものをありがたく利用したいなど、人語に落ちることと思うのですが、いかがですか。しかも正に積極的〝偽物〟製作機なのですよ。どこまで行ったとしてもこの本質は、絶対に変わりません。このことはすでに記していますが、再度登場させてしまいました。

しかもです。インターネットは情報のハイウェイと言われますが、しかしそこを走っている自動車すなわち情報には、事実上何らナンバーが付いていないのです。ナンバーなしの自動車しか走っていないのですよ。こんなこと異常を通り越してもはや異様な事態です。

話がそれました。

ということで、〝量子力学〟なるものの変・奇妙は、解明できました。
量子力学は、力学改め、〝量子状態学〟だったということです。

先端の理論においてこそ、この危険が内在されているものと思います。よくよく注意すべきことのように思います。

そもそもこの観測問題を何故今まで解くことができなかったのかと言えば、ヒトの認識世界に、非物質、物質の二つの世界があることを知らなかったというところにこそあるのでした。ヒトの意味世界（C）は、ヒトの認識問題を生む不思議な世界だということです。

量子力学世界の変・奇妙は解明できたのですから、これからはその裏にある真の物理現象の探索にこそ直ちに向かうべきでしょう。どんなに難しくても、そうして初めて真の〝力学〟を手にできるのですから。もっとも量子が波であり、粒子であるなどという矛盾を受け入れている限りここには到達し得ないでしょう。

さらにこの〝量子力学〟の変・奇妙を、新しい世界観として受け入れなければならないなどとの物理学者の御託は全く不要ですし、物理学を誤ることになっていることを重々肝に銘じてもらいたいと思うものです。SFを受け入れよ、など、物理学などでは全くありません。ヒトは、〝非物質世界〟と〝物質世界〟の二つの世界を生きているのです。

9-6 〝理論統一〟にまつわる謎を解明する

ニュートン力学もアインシュタインの一般相対性理論も量子論も皆不完全であると言われています。それは、ヒトの認識世界においては当然なのでしたね。ヒトは限定世界しか記述できないのでした。世界の全てを記述することなど初めからできないのです。ヒトの原理としてのものですからこの事実は、替えられません。「不可知原理」の存在です。

ヒトは内的に自由であることから、「もしかして……」からしか理論建設はできません。その結果現れ出る理論世界は、その〝もしかして……〟に応じた世界すなわち限定世界しか記述しないということでした。ですからそれは、常に不完全なのです。このことは、「限定世界性原理」というものでした。これは「不可知原理」の一側面として位置付けられるものです。

この理論を統一しようとする時の理論とは何かと言えば、実際には〝数式〟です。数学コトバで理論は記述されています。ですから理論を理解するということは、その数式をいかに〝解釈〟するかという解釈問題を常に抱えています。ですからこの解釈を誤ると、力学ではないものを、例えば量子〝力学〟と誤ることが起こるのです。

数式もコトバですから、そもそも最初は非物質コトバです。それを物質すなわち物理にするには、実験・観測によって物質コトバへ変容させることができなければならないのでした。

こういうことで〝理論解釈〟においては、常にこの数式の意味の非物質性に注意を向けておく必要があるわけです。

こういう原理を踏まえて、理論の統一ということを考えてみましょう。

統一への道には、二つの道があると言えます。

一つ目は、合体したい理論のそれぞれ、すなわち数式どうしを直接合体させるということです。果たしてこの方法で達成できるのでしょうか。それぞれの理論は、それぞれの限定世界なのですから、そもそも条件が違っています。統一するということは、言い換えれば、この条件をそろえる、同じにするということになるのだと言えます。そうすることで初めて一つの新しい世界が記述されることになります。しかしこれとて限定世界でしかありません。

すでに出来上がっている二つのものをこんな風に扱うことなど現実的に可能なのでしょうか。私には、もはや分かりません。

そして二つ目は、全く新しい理論を建設することです。結果として両論の意味を含んだそれにうまくなっているのかどうかを確かめるという方法です。

さて一つ目の方法から具体的に見ていきましょう。

理論統一に関する話題で最も関心が寄せられているものは、何と言っても相対論と量子論の合体ということになると思います。

ところで、この量子力学なるものは、そもそも力学理論ではないものでした。ですから力学である相対論と力学ではない量子論とを統一する意義などないことを私たちはもう知っています。しかしこのことを未だ知らないでいるのも今です。知らないままこの統一に夢を見ているのです。

しかし先ずはこのことは別にしておいて、これらの統一というものを見ておきたいと思います。

相対論は、宇宙の果てまでの大きな空間を論じるものです。一方の量子論は、果てしなく小さい世界を記述します。これらの理論どうしを合体できれば、大から小までの世界を一貫して記述できる論になるのではないか、という目論見があります。科学の最終目標でもあるとされています。これこそ自然を支配する〝究極の理論〟になるのではないかということです。この究極の理論を求めて、いろいろと追究されているわけです。

さてここで、相対論は、別名重力理論だと言われるように、明らかに力学であって、〝物理現象〟を記述しています。その一方にある量子論はと言えば、先ほど議論したように、その実態は、量子の状態を記述するという〝非物理現象〟を記述しているものでした。このような物理と非物理とが合体されると何が現れるのでしょう。

実はこの合体は、すでに結果が得られているのだそうです。そうしてみたところ、次のような式が得られたということです。

$$E^2=m^2c^4$$

このような式でした。ディラック方程式です。

これを変形してみると

$$E=\pm mc^2$$

これは、前にも出しましたが相対論で最も有名な数式です。しかしちょっと違うのが、右辺に±が付いています。これをどう解釈するかが問われることになりました。

ここから〝反粒子〟の存在が予想されました。結果反粒子は見つかりました。これはこれで意義はあったのでしょう。でも不思議は不思議ですが。

いずれにしても、物理理論というものは、そもそも数式であって、この時の数式は、コトバです。ですからコトバの〝解釈〟が、常に求められているわけです。

私は、この不思議を勝手に解釈してみました。それは、状態を記述する時、左右対称、上下対象といった対象が現れることがよくあります。この場合たまたま±方向の状態が表現されたのかもしれません。ここでは〝力学〟の部分は何ら変化せず、〝状態〟の方が、たまたま±の状態を表現しただけだということなのかもしれません。こういう解釈も可能だということです。解釈ですから。

これこそ数学の不思議なところで、〝たまたま〟反粒子に行ったのか、〝必然〟でそこに行ったものなのか、それとも私が言うような〝たまたま〟現れた〝状態〟なのか、それは誰にも判定できない現象だとは言えないでしょうか。正に解釈次第なのです。反粒子という物体には行きましたが、果たして数式の中にその反粒子がいたわけではないのではないでしょうか。

いずれにしても、合体というにはあまりに意義のなさそうな結果と言えそうです。ある意味予想どおりということでしょうか。これではとても究極理論には行けそうもありません。何せ〝物理式〟と〝非物理式〟とを合体させるのですから、そこから何が飛び出すというのでしょう。

こういうことで、単に二つの数式を合体させることには、あまり意義などないのかもしれません。

次の二つ目は、全く新しい理論を建設するということです。

そもそも相対論は、全く新しい理論として建設されました。ところがその相対論は、ニュートン力学をその中に含んでいることが分かりました。このことは、事実上の合体ではないにしても、結果として、合体したと同じ意義が生まれています。しかし、これまでのニュートン力学でやれていたことを、相対論の中でやろうとすれば、非常に面倒なことになってしまうのは必然です。

ニュートン力学も相対論も、ともにそれぞれの限定世界を記述しています。それぞれで前提条件が違っているからです。その条件に沿った使い方をすればお互いにいいということになるだけです。ですから、両論のあることは、意義のあることで、無理にニュートン力学を、相対論に押し込めて一つに統一する必要などないということになります。

さて現在この二つ目の、新しい理論を建設するという方法による理論開発はすでにいろいろあって、主たるものに三つあるようです。ループ量子論、超弦理論、M理論というものです。超難解な世界らしいです。正に数式の世界です。

そうは言いながらも、何とかそれらしい理論ができたとしましょう。そこには先ず、解釈問題が待っています。実験観測は絶対に必要です。その実験観測は、技術次第です。技術には限界があります。観測問題も待ち受けています。そんな中での、物質意味への変容は容易ではないでしょう。

私の見立てでは、今のところこれらの世界は、非物質で埋め尽くされているようにしか見えません。それをいかに解釈して、いかに〝物質化する〟ことができるのかにかかってくることでしょう。果たしてどうなるのでしょうか。

現在検討の対象になっている三つの理論群について変・奇妙があるのはむしろ当然と言わざるを得ないでしょう。理論解析の世界は、必然的にそうなってしまうものだと言えるからです。あくまで最初は、非物質から始まるのですから。

私が変・奇妙に思うことは、ここにあるのではなく、理論統一ということへのヒトの欲望、知りたい欲求の〝究極〟を目の当たりにしているかのように私には見えるというところにあるのです。

ヒトは、限定世界しか知ることはできません。さらに「不可知原理」が立ちはだかっています。そもそも究極の理論世界は手にできないのです。

そもそもヒトには叶わぬことがあるのだという〝原理〟が、厳然と存在することを知っている今だからこそ、こういうヒトの欲望を前にして、それにどう向かうべきなのかが、問われているような気がしてしまうということです。

私にとっては、このことが〝変〟であり、〝奇妙〟なことになっているのでした。ヒトにはできないことがあるのです。宿命として。〝神〟はいないのですから。

9-7　〝ブラックホール〟にまつわる謎を解明する

私が、ブラックホールについて変・奇妙だと言う理由は、この呼称とその物理的存在実態、すなわち物質世界にあるその姿かたちについての興味から来るものです。

そもそもブラックホールという名前は、〝時空に空いた穴〟ということで〝ホール〟という名が付けられているのだそうです。そこで、何度も私が言ってきたように、時空というものは、そもそも物理的に存在するものではないものです。ですから時空に穴があるとかないとか言えるものではないものでした。〝時空に穴が空く〟という概念そのものは現実世界にはないのでした。要するに認識として誤っているのです。未だにそんなものが実際にあるかのように〝ホール〟と呼んでいるなど変で奇妙でしかないことだと思います。この呼称は、明らかにおかしいのです。ＡＩにおいて、機能とすべきものを知能としたり、処理とすべきところを学習としたりするのと同じことです。ヒトの無知の結果でしかないものではないでしょうか。

このブラックホールとて天体の一つであることは、現在の宇宙科学の示している明らかな事実です。それなのに相変わらず〝時空の穴〟と呼び続けているのは何故なのでしょう。一種の思考停止だと思います。物理界にも思考停止はあるようです。

この世界も数式の世界となっているのですから、数式コトバの解釈問題を抱えているはずです。そこで、そもそも非物質の時空の穴はどう解釈されて、どのように物質化しているのかが一向に分かりません。物質化すなわち〝変容〟が全く見えません。

宇宙に浮かぶ天体の一つなのですから、やはり球状の天体と考えるのが、自然であろうということです。ですから、その物理的存在実態は、〝ホール〟ではなく〝ボール〟とするのが自然でしょう。球体だとすれば、そこで語られる数式コトバも、自ずと違うものになるはずです。いつまでもホールの概念のままでいることに違和感がないこと自体、変で奇妙な話だということになります。だって〝時空の穴〟など数式で書きようがないはずなのですから。

まあ、しかし数式コトバは、非物質世界を見事に記述しますから、科学者たちは、そのコトバにただ騙されているだけかもしれません。しかし、そうだとしても、研究者としてそれに違和感を持つことなく、ホールとして扱っているなど全く変だし、奇妙なことに変わりはありません。

現在では、このブラックホールの直接観測もできています。それは、本当に〝時空に空いた穴〟だったのでしょうか。全く変で奇妙です。

また観測と理論は、どのように合わせているのでしょう。ちゃんと合っているのでしょうか。実に不思議です。観測問題が入り込んでいることを予感させます。

さらに、実際に観測したその現実の場所に存在していた天体は、どういう風に、〝物理的〟に、そこにあったのでしょう。そこのところをこそ知りたいのです。少なくとも〝時空に空いた穴〟などではなかったはずであることは、全く明らかです。

時空は、あくまでも〝非物質〟で〝非物理〟です。

ボールではないとしても、ホールはやはり誤りです。

これを正すだけで数式すなわち数式コトバの解釈が、自ずと違ってくるはずです。さらに解釈において必要となる物質意味への変容もそこで確認できるのですから。

これこそ観測問題です。ホールのままでは、これすらできないはずです。

やはり〝ホール〟は、そろそろやめましょう。
〝ブラックホール〟は、〝ブラックボール〟でした。
ブラックホールにまつわる変・奇妙なこの謎は、今後解明されるはずなのですが……。

10　脳研究のあり方　～後記に代えて～

振り返って、本書にて記述してきたことは何かと言えば、脳という物体に関するいわゆる従来の脳科学に対して、ヒトの脳が生み出す、物ではないものの世界を非物質世界なる概念にすることで、意識や認識の世界を記述するというものでした。そこには一定的な解があることで、非物質科学を提示するものでもありました。

この非物質科学とは、いわば、一つの脳科学の新しい形として位置付けることのできる、これまでにない新しい科学世界であると言えるものと思います。そもそも、物ではない世界など、ヒトの頭の中にしかないものです。ヒトが思ったり考えたりする時には、先ずもってこの非物質世界がヒトの脳の中で展開されているということを知ることになりました。

本書内における論述の中に、私の個人的な思いや考えというものは全く入ってはいません。ヒトの脳が生み出している非物質世界で起きている事実をただ忠実に追い求め、ひたすら探索し、発見していった事物のみを記述してきました。

しかし、本書を世に送り出すにあたっては、特別な思いや感慨を持つのも事実です。それは、ここへ来て初めて、ヒトの本質を科学的事実として語ることができるようになれたという思いを強くするからです。

さらに、出版にあたり編集部より、本書のファクト・チェックを求められています。

本書は、ヒトにある〝実感〟をこそ、その論述の起点としています。それは、この実感の存在が事実であることに、皆さん方に共感していただけるかどうかにかかっているのだということにもなるものだからです。本書におけるファクト・チェックは、ここにしかありません。非物質世界にあるファクトとは、この共感の世界にあるものですから。本書に共感していただける方にとってはファクトであり、一方、そうでない方にとってはアンファクトとなるわけです。

こういうことでファクト・チェックと言えるのかどうかは分かりませんが、本書のファクト・チェックは、読者次第ということにしたいと思います。

そもそも、この研究を始めることになったきっかけは、前に記しましたが、脳科学への興味や人類史へのそれであるとか、物理世界、言語世界、哲学世界等々への興味の上にありました。その頃世間では、特に脳科学が、一つのブームのようになっていて、私も興味に任せて、普及本をいろいろ読んでいました。ところが、だんだん心理学世界と関連した話題が増えていくようで、何か脳科学とは違う方向のような気がしてくるものでした。

そんな中で、本書の頭で述べたような、〝意識現象〟に私は気づきました。というより気づいてしまったと言った方が正しいでしょう。このことをきっかけに、脳のことをいろいろ考えているうちに、脳って何だということを、いろいろ自分でも考え始めていました。そんなことから、この自由研究は始まっています。

あれこれ考えているうち、脳の世界の何たるかが、自分なりに見えてくるものがありました。脳の世界には、科学できない部分と科学になれる部分が、明らかに存在するのだということを知って、それ以降のことを、ここまで記してきました。

それだけに、この自由研究のきっかけとなった脳科学について、私が期待するある思いが募ってきたのも事実です。そして本項があります。

さて、脳の世界には、科学できない世界とできる世界があると述べました。

本書では、これらの世界をそれぞれ非物質世界と物質世界としました。すなわち、二つの世界が共存しているということです。先ずはこのことを明確に位置付けるところから脳科学は、再出発しなければならないのではないかと思うものです。後者は、脳科学でいいでしょう。前者にあっては、「脳学」というコトバを与えたいと思うのです。いわゆるこれまでの脳科学とは分けるのです。脳の非物質部分です。脳科学が直接この非物質の〝脳学〟部分へ侵入するのはあまりよいことではないのではないでしょうか。明確に述べましょう。

心理学は、脳学の分野になると思います。ここに脳科学が入り込んで、あーだ、こうだと論じたところで、そこにどんな意義があるのでしょう。脳の病とも関連させて、鬱だ、快だとか、その他あたかも分かったような言説が多すぎると思います。

そもそもヒトの脳は、矛盾脳なのですから、そこに脳科学という答えを求める世界が、入り込む余地などそもそもないのではないでしょうか。それは、あくまで脳学の世界で行われなければならないことと思います。脳科学と脳学の融合などまだ早いと思うものです。

幸い、この脳学の世界は、今私たちの発見した、非物質科学という新しい世界を手にすることができています。これは、一種の科学世界を記述するものなのですから、技術として使っていくことができるものでしょう。

一方脳の病気とはいったい何を言うのでしょうか。脳の物質にあたる部分がそれであることは、明確に分かります。癌であるとか、血管系、神経系などです。しかし非物質としての、いわゆる心に関する事柄は、基本的に病気であるとは言い切れません。いわゆる心理というものは、脳学の方で扱ってほしいのです。心理をいわゆる脳科学として語るのはまだおこがましいと思うのですがいかがでしょう。何か脳科学と呼称することで、ヒトの心理に関することなのに、いかにも答えとしてのものを記述しているかのような雰囲気を醸すことになっています。〝脳科学者の語る心理学〟みたいな、一味違ったものの雰囲気です。そういったことは、メディア受け狙いなど見え見えなのです。

現在の脳科学は、〝物〟と〝物でないもの〟とを明確に分けられていないことで、脳の理解を分かりにくくしていると思います。そういうことで脳の何たるかなど、今の時点では全く分かっていないと言っていいくらいの段階でしかないのではないかと思います。

厳しい言い方でしょうが仕方がありません。自由研究者からはそういう風に見えるということです。先ずもって〝意識〟の何たるかについては、今私がここで指摘して初めて分かっている状況だということでしょう。動物脳自体の機能把握も全くお粗末な段階でしかないと思います。ヒトと動物では、全く違う世界を呈しているはずなのに、そんなことには、今のところ、目はそこには全く行っていません。そもそも動物脳とヒト脳が分けられていないのが現実なのです。意識研究と称して動物脳を使っているなど、全くナンセンスなことではないでしょうか。反応脳としての動物脳の全容について、先ずは知ることにこそ脳科学の第1歩があるはずです。

動物脳は一種の機械脳すなわち解決脳としてのものだという確かな知見を先ず手にすることに始まり、続いて動物脳の全てを明確に理解すること、これこそ脳科学に求められているものと思うのです。ヒトの脳に行くなど、その後でいいくらいではないでしょうか。

ヒトの脳をあれこれするのは、今の段階ではおこがましいと思います。動物の脳とヒトの脳の違いくらい、そろそろ明確にしてもらわなければなりません。

脳科学の最大の目標は、当然ヒトの本質が、脳にあることを明らかにすることだと言えるでしょうから、これを探るところにこそあるはずです。探ってはいるのでしょうが、ただ脳を分解していくこと、すなわちボトムアップ的方法のみによって得られる知見はそもそも限定的なものでしかないことはもはや明らかです。物の世界だけではない脳なのがヒトの脳なのですから、私の自由研究のようなトップダウン的アプローチが　より重要なのだとも思うものです。

今ここに、心の存在やクオリア問題、心のハード・プロブレム等々といったこれまで分からなかった〝不思議〟とされてきたことが、本書によって明確にされたのではないかと思います。やっとこの段階まで来ることができました。ここからの〝脳科学〟のあり方は自ずと、方向が定まるものと思います。

先ずは動物とヒトとを分けること。次いで動物の無意（意識・意味など生まれていない）、ヒトの有意（意識・意味が生まれている）を記述していくこと、という順番になるでしょう。そのためには、用いる用語もそれぞれの世界ごとに分けることから始める必要があろうということです。そうしないと動物脳とヒト脳を明確に分けることなど決してできないでしょう。特定の動物に関する研究と称して、知性があるとか、知能があるとか、学習するとか、これら擬人化する癖は、そろそろやめにしましょう。少なくとも研究者にあってはということです。

さて私の自由研究では動物の〝満足終点〟ヒトの〝欲望終点〟は大いなる仮説でしかありま

せんでした。しかし、この仮説を正しいものとして行われたこの私の自由研究の教えるところは、現時点で存在する難問の数々を実にうまく解決してくれています。

それらをまとめて再度記述しておきましょう。

1　従来の物質科学である脳科学では、ヒトの意識は記述できないことが分かった
2　ヒトの意識は、非物質科学でしか記述できないことが分かった
3　ヒトは、非物質世界と物質世界の二つを生きていることが分かった
4　意識とは何かが分かった
5　欲望はどこから来るのかが分かった
6　心って何かが分かった
7　クオリアって何かが分かった
8　コトバって何かが分かった
9　コトバの起源がどこにあるのかが分かった
10　知能って何かが分かった
11　神はどこにいるのかが分かった
12　動物脳の終点は〝満足終点〟となっていることが分かった

13　ヒト脳の終点は〝欲望終点〟となっていることが分かった
14　動物脳は解決脳であることが分かった
15　ヒト脳は矛盾脳であることが分かった
16　〝時間・空間〟はあるのかないのかが分かった
17　相対論の謎が分かった
18　量子力学の謎が分かった
19　ＡＩにおけるシンギュラリティは、ないことが分かった
20　生成ＡＩは、贋作制作機でしかないことが分かった

この他にもいろいろありますが、とりあえずこれだけのことが、認識問題として知り得たことの一部です。非物質科学の教えてくれる科学的事実群すなわち原理群です。

この他にも無数に指摘できますが、読者の皆さんにあっても、各自で独自にこれらを探ることができるものと思います。

やっと〝意識〟を科学的事実として、その存在を明確に言えるようになりました。

ここまで来て初めてヒトは、１段先に変化することができるものと私は考えます。

ヒトはやっと人・人間になれるというものです。準備はできました。

そこで、脳研究者にあっては、先ずもって私の「終点原理」なる仮説を確認してもらいたいと思います。動物は満足世界にこそいますが、一方ヒトは欲望に取りつかれていることは、誰の目にも明らかなことなのです。それを先ず科学的事実にしなければならないのが、脳科学に課せられた大きな課題のはずだと思います。このことが分からない限り、ヒトを理解したことには絶対にならないものとも思います。

この原理の存在を明確化できる脳科学者の登場を期待するばかりです。私の自由研究の限界はここにこそあります。私の〝欲望〟は、脳科学でしか満たされることはないということです。

この原理に挑むのはある意味、恐ろしいことであろうことは私には充分理解できます。自由研究などと言っているから、こんなことを気楽に言えているのだとの指摘もされることでしょう。しかし果たしてそれでいいのでしょうか。

あえて言えば、私は脳科学者を挑発しています。いったい何を研究しているのかと。動物とヒトとを分けられないでいていいのかと。ヒトにこの〝欲望終点〟のあることを科学的事実として言えることには、特別な意義があるのです。この事実が等しく、全てのヒトに、真に理解が及んで初めてヒトは人・人間に1段進化できるのだとの強い思いを私は持っています。ヒトは、まだまだヒトのままであって、決して人・人間などと呼べる生物ではないでしょう。

ヒトの生み出す考えなど、単なる屁理屈でしかないものと何度も記してきました。これが本当に科学的事実としてのものだと脳科学が解明してくれた暁には、ヒトの世界は、大きく変わるものと思います。変えることができるものと思います。一国のリーダーの屁理屈に付き合わされることなど、全くの不条理以外の何物でもありません。ヒトの欲望は何ともあざといものです。

このことの解明へ向かうには、大いなる勇気が求められます。脳科学者の勇気が試されることにもなるのだと思います。この勇気は、原爆を造るなどとは比べものにならないほどのものでもありましょう。しかし、ここはやはりこの期待をこそ持ちたいのです。

本書は、〝科学書〟であるとの自負を持つものです。一方ヒトの本質を科学的に記述できていることで、〝技術書〟にもなれているものであるとも思っています。

これまでのような哲学に頼ることなく、確かな答えを手にできる新しい思考法を開発できるはずです。皆さんにあっては、こういう方向へと本書が技術利用されていくことに、私としては大きな期待を持つものです。

ヒトは、人・人間にならなくてはいけません。

ヒトには進化の余地があったのです。

これで、私の〝自由研究〟の発表を、一応終わりにしますが…………。

※謝意

本書は、自費出版の書です。

どこの馬の骨が書いたものなのかなど全く分からずに、その送り付けられた原稿しかもまだ原稿とも言えない段階の乱雑な姿のものに迷わず目を通してくださった上に、興味を持っていただいた企画編集部の田中氏の存在に先ず感謝しなければなりません。そして氏の営業トークであることなど当然ではありましょうが、このような変な原稿に対して氏の理解が示されたことに、先ずは感心したものです。続いての編集担当の鈴木氏にあっては、こんな晦渋な内容のものに対して、実に的を射た理解がなされたことは、私にとって最大の驚きであったと同時に、そのことへの感謝の気持ちが湧き上がったものでした。そしてこのことこそが、私が本書を完成させる上での大きな力になったことは、隠せない事実です。本書を是が非でも完成させて、非物質科学と名付けた新しい形の脳科学世界を、多くの人々へ伝えたいという私の使命感とも言いたい本書への思いを、後ろで奮い立たせてくれたものでもあります。誠に感謝しかありません。ありがとうございました。

また、この自由研究は、私たった一人での孤独なものでした。こんな内容の話を他人様に持ち掛けるなど、とても現実的ではありません。しかしそういった中でも、私の妹・田川元子や知り合いの前田順二氏には、機会あるごとに一方的にしゃべっては、自分で納得したり次の探索への力にしたりしていました。このことも研究を進める上で非常に大きな力となっていたものです。併せて感謝したいと思います。ありがとうございました。

また私の娘も、私の乱雑な原稿に目を通してくれて、整理して読みやすく修正してもくれました。本当に助かりました。ありがとう。

〈著者 自己紹介〉
松田安史（まつだ やすし）
私は、1942年2月生まれ、山形の片田舎での自然育ちです。長じて建築のデザインやエンジニアリングを仕事とした会社経営を全国展開してきました。正に戦中に生まれ、戦後からバブル期までの日本の大繁栄の中を生きてきました。今から思えばそれは地球上における夢のような時であったと言えるでしょう。しかし今はどのように呼べばいいのでしょうか。世界中で政治はボロボロ、未だに戦争がはびこっています。

今は引退して「M's ヒト・モノ研究室」を主宰していて、建築、音楽、哲学、物理、宇宙、脳と興味の赴くままいろいろ研究しています。

そんな私に今から10数年前、70台も後半になったあるとき、言葉と意識に係る興味深い体験をする機会が巡ってきました。一つの気づきがあったのです。意識とはこういうことだと言うことへのそれです。世界中でこの事へ気づいた人はまだいないようです。もし気づいた人がいれば、きっと今の私のような研究をするはずですから。

気づいてしまった私が、爾来やってきた研究を本書にて開示することになりました。私の研究室の成果の一つです。それは意識に関することですから、人間の本質に通じていました。それは哲学や脳科学からは絶対に手に出来ないものです。

私は、もはや老い先短い身です。しかしこの人間の本質を知り得たうえで我が死を迎えることの出来る幸せの中にいます。

自由研究《じゆうけんきゅう》「人間《にんげん》って何《なん》だ？」
非物質概念《ひぶっしつがいねん》が導《みちび》く認識世界《にんしきせかい》

2025年1月8日　第1刷発行

著　者　　松田安史
発行人　　久保田貴幸

発行元　　株式会社 幻冬舎メディアコンサルティング
〒151-0051　東京都渋谷区千駄ヶ谷4-9-7
電話　03-5411-6440（編集）

発売元　　株式会社 幻冬舎
〒151-0051　東京都渋谷区千駄ヶ谷4-9-7
電話　03-5411-6222（営業）

印刷・製本　中央精版印刷株式会社
装　丁　　村上次郎

検印廃止

Printed in Japan
ISBN 978-4-344-94948-5 C0095
幻冬舎メディアコンサルティングＨＰ
https://www.gentosha-mc.com/